FACES OF COURAGE: TEN YEARS OF BUILDING SANCTUARY

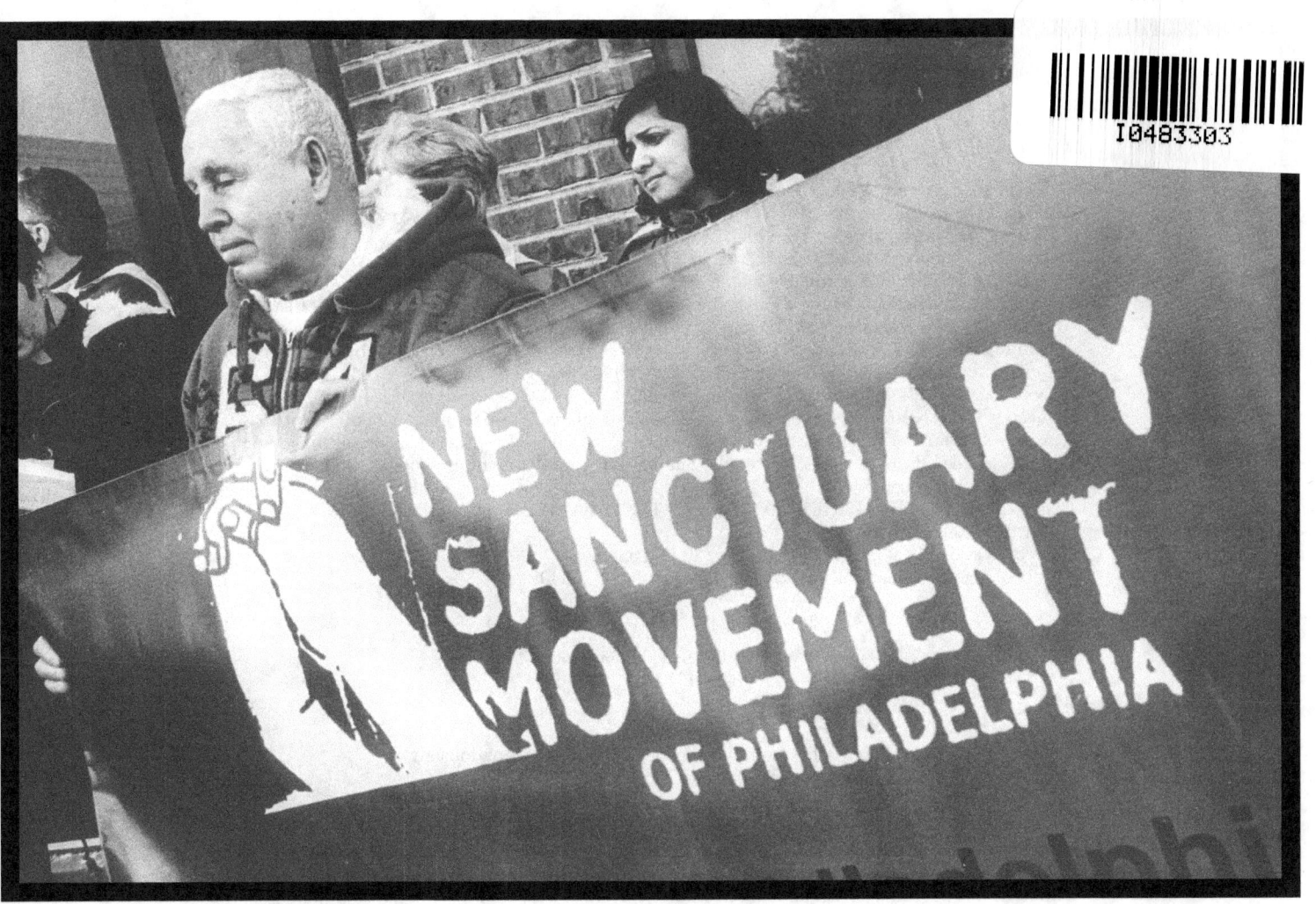

Photography by
Harvey Finkle

Foreword by
Michael Matza

Parlor Press
Anderson, South Carolina

Afterword by
Adan Mairena

Published by
Parlor Press
Anderson, South Carolina

Library of Congress Cataloging-in-Publication Data

Names: Finkle, Harvey, photographer.
Title: Faces of courage : ten years of building sanctuary / photography by Harvey Finkle ; foreword by Michael Matza ; afterword by Adan Mairena.
Description: Anderson, South Carolina : Parlor Press, 2021. | Series: Working and writing for change | Includes bibliographical references. |
Summary: "Photographer Harvey Finkle draws on sensibilities developed in his early career as a social worker to sympathetically document a new civil rights movement at the intersection of culture and politics, with images that bring awareness to social issues"-- Provided by publisher.
Identifiers: LCCN 2021026529 (print) | LCCN 2021026530 (ebook) | ISBN 9781643171623 (paperback) | ISBN 9781643171630 (pdf) | ISBN 9781643171647 (epub)
Subjects: LCSH: Sanctuary movement--Pennsylvania--Philadelphia--Pictorial works. | Church work with refugees--Pennsylvania--Philadelphia--Pictorial works. | Illegal aliens--Pennsylvania--Philadelphia--Pictorial works. | United States--Emigration and immigration--Government policy--21st century.
Classification: LCC BV4466 .F56 2021 (print) | LCC BV4466 (ebook) | DDC 261.8/3280974811--dc23
LC record available at https://lccn.loc.gov/2021026529
LC ebook record available at https://lccn.loc.gov/2021026530

ISBN: 978-1-64317-162-3 (paperback)

978-1-64317-163-0 (pdf)
978-1-64317-164-7 (epub)

All royalties from the sale of *Faces of Courage* are donated to the New Sanctuary Movement of Philadelphia.

Cover photograph by Harvey Finkle
Interior design by Elizabeth Parks, elizabethannparks@gmail.com

About the title page image: Visitation BVM Church member Cesar Rodriguez at the Stop Immigration Raids action in front of the Immigration and Customs Enforcement (ICE) field office in Philadelphia.

Acerca de la imagen de la página de título: César Rodríguez, miembro de la iglesia Visitation BVM, en una acción para Parar las Redadas delante de las oficinas de ICE en Filadelfia.

TABLE OF CONTENTS

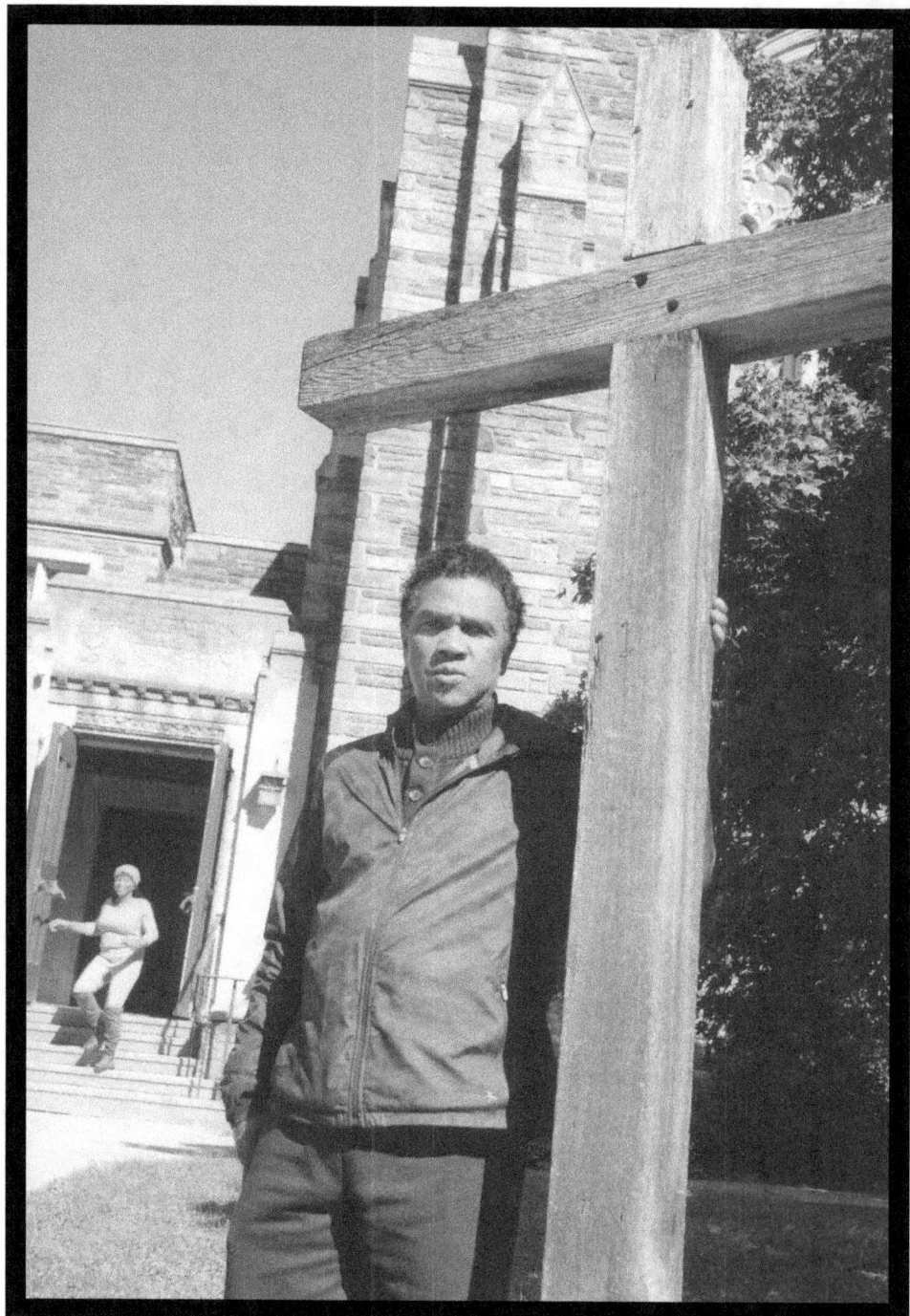

NSM members Clive and Oneita (in the doorway) Thompson, from Jamaica, living in sanctuary at First United Methodist Church of Germantown. (2019)

• • •

Las jamaicanas Clive y Oneita Thompson (en el umbral), miembros de NSM, viviendo en santuario en la iglesia First United Methodist Church of Germantown. (2019)

Translator's Note

Spanish translation by Gina Engst and Rodrigo Fernández Jarque

In this text we use the expression "to take sanctuary," born in the 1980's, to refer to people who, in hopes of avoiding deportation, take refuge in religious centers.

In translating this book we have chosen to use the generic feminine form. Traditionally, Spanish uses the masculine plural when referring to a group of people, even when there are more women than men in that group, and even when there is only one man present. This translation uses the feminine form to pay tribute to the determined women who are a majority in the New Sanctuary Movement. We recognize that this choice falls short of encompassing all the non-binary gender identities that exist today. Our intention here is to use language to make more visible the women who are a central force of NSM's diverse coalition, as well as to add our grain of sand in recognizing the vital role of women in our society and in social movements throughout history.

Nota de Traducción

Traducción al español por Gina Engst y Rodrigo Fernández Jarque

En este texto empleamos la expresión "tomar santuario," tal y como se acuñó en la década de los 80, para referirnos a aquellas personas que se refugian en centros religiosos para evitar así ser deportadas.

Durante la traducción, optamos por utilizar el género femenino como forma genérica. Tradicionalmente, el español se vale del masculino plural a la hora de designar a todo un grupo de personas, incluso aunque en éste haya más mujeres que hombres— de hecho incluso aunque hubiera un sólo hombre. En esta traducción hemos decidido utilizar el femenino como genérico en homenaje a las mujeres luchadoras que conforman una mayoría dentro del Nuevo Movimiento Santuario. Quisiéramos también reconocer que esta opción no consigue englobar todas las identidades de género no-binario que existen hoy día. Nuestra intención es, a través del lenguaje, visibilizar a las mujeres que son una fuerza central de la coalición diversa de NSM, así como aportar nuestro granito de arena en la justa tarea de reconocer el vital papel de las mujeres en la sociedad y en los movimientos sociales a lo largo de la historia.

FACES OF COURAGE:

Ten Years of Building Sanctuary

PHOTOGRAPHY BY HARVEY FINKLE

Foreword by Michael Matza • Afterword by Adan Mairena

Parlor Press, Anderson, South Carolina

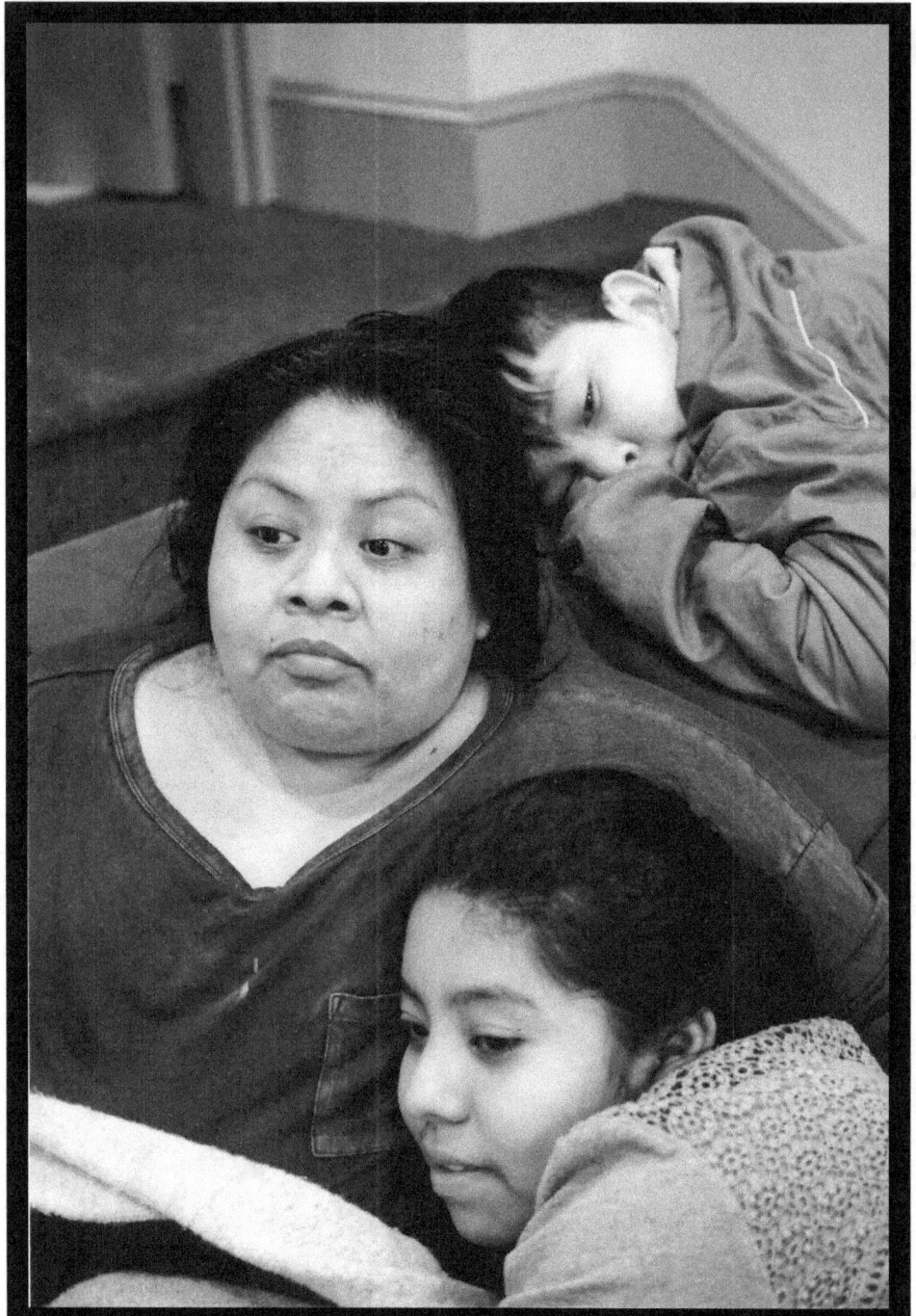

Carmela, and the two youngest of
her four children.

FOREWORD

by Michael Matza

Carmela Apolonio Hernandez is made of tough stuff. But on her 500th day in sanctuary, her warrior's face crumpled and she cried recalling how she was ready to abandon her four kids with their aunt near Philadelphia rather than take them back to the violent shakedown enforcers and murderers they fled in Mexico.

In Acapulco, where Hell overlaps with Paradise amid 900 homicides a year, she sold clothes on the street and dodged danger. A taxi-driving nephew who failed to pay a gang was decapitated; another, a fruit seller, was shot to death. A thug beat her when she balked at paying a local mafia's daily tribute of 20 pesos. In 2015 her brother went missing and was found at the morgue.

That's when Carmela, then 34, took the kids on the run and presented the family at the San Ysidro Port of Entry in San Diego and asked for asylum. They were admitted under monitoring by U.S. Immigration and Customs Enforcement (ICE). Represented by a lawyer in immigration court, the family lost its bid for protection, lost appeals, and was ordered deported. Days before the deadline to leave, Carmela walked from church to church in Philadelphia seeking one that would provide refuge, but to no avail.

Carmela Apolonia Hernández está hecha de un material recio. Pero al cumplir quinientos días viviendo en santuario, su cara de guerrera estalló en lágrimas mientras relataba cómo estuvo a punto de dejar a sus cuatro hijas con una tía, que reside cerca de Filadelfia, para evitar que tuvieran que regresar con ella a México, lugar donde se encontrarían con las extorsionadoras y asesinas de las que un día huyeron.

En Acapulco, con 900 homicidios al año, convergen el infierno y el paraíso. Allá, Carmela vendía ropa en la calle y sorteaba los peligros. Un sobrino suyo, conductor de taxis, fue decapitado cuando dejó de pagar a una banda organizada. Otro sobrino suyo, vendedor de frutas, murió a causa de un disparo. A ella misma un matón la golpeó cuando protestaba por el pago del impuesto diario de 20 pesos a la mafia local. En 2015, su hermano desapareció y lo encontraron en la morgue.

Es entonces cuando Carmela, con 34 años, agarró a sus hijas y se escapó, presentándose con su familia en el puerto de entrada de San Ysidro en San Diego para solicitar asilo. Les permitieron entrar bajo la supervisión de ICE. Representada por un

Then someone steered her to the ramshackle row house offices of New Sanctuary Movement of Philadelphia (NSM). By the next night the family was safely ensconced behind a church's thick stone walls. Volunteers brought mattresses and provisions.

"I felt completely protected. I felt strong, like I could continue to carry on," said Carmela. "Like my soul had returned to my body. That's how my story in sanctuary began."

From Honduras a decade earlier, Angela Navarro was 16 and seven months pregnant when she fled endemic poverty, police corruption and one of the highest homicide rates on the planet to reunite with her parents and sisters in Philadelphia. Guided by a coyote, she crossed the Rio Grande and surrendered to border protection agents in Texas. She was sent to live with her parents, who had permission to be in the U.S. under protected status after Hurricane Mitch devastated Honduras in 1998. Angela's son Arturo was born.

In immigration court in 2004, she agreed to take voluntary departure, which meant she would leave on her own, preserving some rights if she wanted to return in the future. But she didn't leave, and that triggered a formal order of deportation. Because of the poverty and violence in Honduras, she later explained, she would have had to leave Arturo behind in the U.S. and she didn't want to break up her family. Apprehensive but resilient, she got on with her life. In 2006, her daughter Angela Mariana was born.

By 2014, Angela was married to a U.S. citizen, but every day she lived in fear that ICE would come and arrest her. That's when she quit her job as a

abogado en el tribunal de inmigración, a la familia le fue denegada la solicitud de protección, así como las apelaciones posteriores, y recibió una orden de deportación. Días antes de la fecha en que debía salir del país, Carmela caminó por Filadelfia de iglesia en iglesia, en busca de que alguna de ellas le ofreciera refugio, pero no tuvo suerte.

Entonces, hubo alguien que la dirigió a la humilde casita que sirve como oficina del Nuevo Movimiento Santuario (NSM por sus siglas en inglés) de Filadelfia. A la siguiente noche, la familia se encontraba a salvo, resguardada entre las paredes de piedra gruesa de una iglesia. Algunas voluntarias trajeron colchones y alimentos básicos.

"Me sentí totalmente protegida. Me sentí fuerte, como si pudiera seguir adelante," dijo Carmela. "Como si mi alma hubiera regresado a mi cuerpo. Así empezó mi historia viviendo en santuario."

Una década antes, en Honduras vivía Ángela Navarro, con 16 años y embarazada de siete meses. Decidió huir de la pobreza endémica, la corrupción policial y uno de los índices de homicidio más altos del planeta, para reunirse con sus padres y hermanas en Filadelfia. Con la ayuda de un coyote, cruzó el Río Grande y se entregó a los agentes de la patrulla fronteriza en Texas. Le enviaron a vivir con sus padres, que tenían permiso para residir en los EEUU bajo un estatus protegido, a raíz de la devastación que causó el huracán Mitch en Honduras en 1998. Nació entonces Arturo, el hijo de Ángela.

En un juicio de inmigración en 2004, Ángela acordó aceptar el retorno voluntario, lo cual significaba salir por su propia cuenta y preservar algunos derechos

restaurant cook, let her apartment lease lapse, and moved the family into the subdivided storage room of an NSM-affiliated church.

New Sanctuary's outreach garnered thousands of signatures and letters of support from a prominent Congressman, 11 members of Philadelphia City Council and a state senator.

Fifty-eight days after entering sanctuary Angela won a stay of the deportation order after ICE used its prosecutorial discretion to apply the agency's stated priorities: national security threats, convicted felons and gang members. Angela was none of those.

Years later, she recalled her first steps outside the church after two months of uncertainty: "I felt relief, like breathing fresh air. ... Like I was another person. ... The Sanctuary Movement was the key piece that moved many threads."

• • •

As ancient as the Bible—yet fresh as today's headlines—the ethical mandate to provide protection and hospitality to outcast strangers is deeply rooted in the Judaic, Christian and Islamic faith traditions.

The Old Testament speaks of the "six cities of refuge," where perpetrators of accidental manslaughter could seek sanctuary.

In 13th century England, a person accused of a crime could hide in a church for 40 days before facing the possibility of exile, or, alternatively, an indefinite stay at a "chartered sanctuary" established by the king.

en caso de que quisiera regresar en el futuro. Pero finalmente no abandonó el país, lo cual puso en marcha una orden formal de deportación. La violencia y la pobreza en Honduras, explicó después, le hubiera obligado a dejar a Arturo en los EEUU y no quería separarse de él. Temerosa pero resiliente, siguió adelante con su vida. En 2006 nació su hija Ángela Mariana.

Para el año 2014, Ángela estaba casada con un ciudadano estadounidense, pero todos los días vivía con miedo a que ICE apareciera para detenerla. Fue entonces cuando dejó su trabajo como cocinera en un restaurante, dejó que se venciera su contrato de alquiler y entró con su familia a vivir en un almacén de una iglesia afiliada a NSM.

Tras una campaña de difusión, NSM reunió miles de firmas y cartas de apoyo, incluyendo una de un destacado congresista, otras de once miembros del Consejo de la Ciudad y otra más de un senador estatal.

Cincuenta y ocho días después de haber entrado a vivir en santuario, Ángela consiguió la suspensión de su orden de deportación cuando ICE aplicó la discreción de la fiscalía y se limitó a comprobar si ella encajaba en alguno de los perfiles prioritarios: individuos que representasen una amenaza a la seguridad nacional, criminales sentenciados y miembros de pandillas. Ángela no era ninguno de esos tres.

Años después recordaba cómo se sintió al dar sus primeros pasos fuera de la iglesia tras dos meses de incertidumbre: "Me sentí aliviada, como si respirara aire fresco... Como si fuera una persona nueva... El

"Sanctuary! Sanctuary!" cried the fictional character Quasimodo as he saved a gypsy woman sentenced to die by pulling her into a church in Victor Hugo's classic, *The Hunchback of Notre Dame*.

The Underground Railroad's network of safe houses that helped enslaved Africans escape to freedom was a sanctuary movement, as was the church-led effort to protect draft resisters during the Vietnam War.

By the 1980s, an estimated 2,000 Salvadorans and Guatemalans, on the run from human rights abuses by their military governments and affiliated death squads—but denied political asylum in the U.S.—were spirited across the southern border and protected in houses of worship.

At the height of the movement, more than 500 congregations helped move Central American migrants to cities all over the United States. In 1986, the federal government charged a dozen activists, including three nuns, two priests and a minister, with smuggling aliens. Among those convicted was Rev. John M. Fife, 3d, a co-founder of the movement. As he left the courtroom, his supporters sang, "We Shall Overcome."

For members of the decade-old New Sanctuary Movement of Philadelphia, a sanctuary movement for the 21st century, being part of that moral arc of history is an interfaith calling. The group provides emotional support for mostly Latinx and Indonesian immigrants; accompaniment to immigration court and probation hearings; and, last-ditch shelter inside churches and synagogues for anyone faced with imminent expulsion.

Nuevo Movimiento Santuario fue una pieza clave y movieron muchos hilos."

• • •

Tan antigua como la Biblia—y a la vez tan reciente como los titulares de hoy-, la obligación ética de dar protección y cobijo a las forasteras marginadas está profundamente enraizada en las tradiciones de la fe judía, cristiana e islámica.

El Antiguo Testamento hace mención a las "seis ciudades de refugio", donde las personas que hubieran cometido un homicidio involuntario podían buscar santuario.

En la Inglaterra del siglo XIII, una persona que hubiera sido acusada de un delito podía esconderse en una iglesia por cuarenta días antes de enfrentarse a un posible exilio o, como alternativa, un periodo de tiempo indefinido en un "santuario autorizado" establecido por el rey.

"¡Santuario! ¡Santuario!" gritaba Cuasimodo, el personaje del clásico de Víctor Hugo *El Jorobado de Notre Dame*, mientras salvaba a una gitana condenada a muerte, al introducirla dentro de una iglesia.

La red de casas seguras del *ferrocarril subterráneo*, que ayudaba a escapar a las esclavas negras y conducirlas a la libertad, fue un movimiento de santuario, así como también lo fue la iniciativa liderada por la iglesia de proteger a aquellas que se negaban a ser reclutadas para combatir en la Guerra de Vietnam.

En los años 80, se estima que unos 2,000 salvadoreñas y guatemaltecas fueron rescatadas en la frontera sur y protegidas en diferentes lugares de fe, después de que

A fundamental part of the work is empowerment—turning immigrants, who often are advised to keep a low profile, into protagonists working publicly for a better future.

In this, Harvey Finkle's fifth book of still photographs, he is again in his niche, drawing on sensibilities developed in his early-career as a social worker to sympathetically document a new civil rights movement at the intersection of culture and politics, with images that bring awareness to social issues.

"I think I'm drawn to people who are advocating for human rights," he once told an interviewer. "I like when people are pushing the envelope."

Pushing is New Sanctuary's modus operandi, too. In 2014, along with other activist groups, NSM forcefully lobbied the mayor of Philadelphia to limit the city's cooperation with ICE.

As a result, Philadelphia does not hold a prisoner beyond the date he would normally be released in order to comply with ICE "hold" requests. Instead, Philadelphia requires ICE to present a judicial warrant, supported by probable cause, if it wants to take custody of someone arrested by city police.

The ICE-hold issue was vividly symbolized in a wooden sculpture that NSM placed on the apron of Philadelphia City Hall as part of its public awareness campaign. The sculpture portrayed two arms, upraised. The wrists were locked in handcuffs made of real ice, which was melting _ an indelible visual pun preserved for history by Finkle's lens.

les fuera negado asilo político en los EEUU, tras venir escapando de las violaciones a los Derechos Humanos efectuadas por los gobiernos militares de sus países y los escuadrones de la muerte asociados con los mismos.

En el punto álgido del movimiento, más de 500 congregaciones ayudaron a trasladar a migrantes centroamericanos a ciudades a lo largo y ancho de los Estados Unidos. En 1986, el gobierno federal acusó a una docena de activistas, incluyendo a tres monjas, dos sacerdotes y un ministro, de traficar con extranjeros. Entre los hallados culpables estuvo el reverendo John M. Fife III, co-fundador del movimiento. Mientras abandonaba el tribunal, sus simpatizantes entonaron *"We Shall Overcome"* (*"Venceremos"*).

Para los miembros del Nuevo Movimiento Santuario (NSM)—un movimiento de santuario del siglo XXI fundado hace una década—ser parte de ese arco moral de la historia es un llamado interreligioso. El grupo brinda apoyo emocional para inmigrantes, en su mayoría latinas e indonesias; acompañamiento al tribunal de inmigración y a las audiencias de libertad condicional; y, como último recurso, refugio en iglesias y sinagogas para cualquier persona que esté en riesgo inminente de ser expulsada del país.

Una parte fundamental del trabajo es el empoderamiento, convirtiendo a las personas inmigrantes—a quienes con frecuencia se les aconseja mantener un perfil bajo—en protagonistas que trabajan públicamente por un futuro mejor.

En este quinto libro de instantáneas de Harvey Finkle, se le puede ver de nuevo como pez en el agua, partiendo de una sensibilidad que cultivó al principio de su carrera como trabajador social, al documentar

Like Philadelphia, several hundred jurisdictions have adopted policies that limit city, county or state law enforcement cooperation with ICE.

In January 2017, President Trump signed an executive order aimed at punishing sanctuary jurisdictions by threatening to withhold some of their federal funding. Philadelphia joined other cities in litigation challenging that order—and won.

Trump and his supporters contend that sanctuary jurisdictions harbor dangerous criminals. Defenders of sanctuary assert that cities are safer when immigrants, including the undocumented, can approach police as victims and witnesses without fearing that the contact will result in their deportation.

NSM likes to say it "builds sanctuary from the ground up." In 2018, as real and rhetorical attacks on immigrants surged, NSM dug deeper into its core belief that all people, regardless of immigration status, "deserve to be safe, respected and welcomed in communities where their economic, spiritual, and emotional wholeness can be realized."

The photographs in this volume show their faces. Some are creased in anguish; others lit with hope.

Unlike the Central American sanctuary crisis of the 1980s, the issue today for people who share NSM's beliefs is not only how to spirit vulnerable immigrants into the United States, but how to keep the most vulnerable among the millions already here from being tossed out.

—*Philadelphia, 2020*

con mucho respeto un nuevo movimiento de derechos civiles enclavado en el punto donde se cruzan la cultura y la política, con imágenes que generan conciencia sobre temas sociales.

"Creo que me atraen las personas que abogan por los derechos humanos", dijo en una ocasión a un entrevistador. "Me gusta cuando las personas cuestionan lo establecido".

Cuestionar lo establecido es también el modus operandi del Nuevo Movimiento Santuario. En 2014, junto con otros grupos de activistas, NSM presionó con firmeza al alcalde de Filadelfia para que el municipio limitara su cooperación con ICE.

Desde entonces, la policía de Filadelfia no puede, con el fin de cumplir con las peticiones de "retención" de ICE, retener a una persona detenida más allá de la fecha en que sería liberada normalmente. En su lugar, en caso de que ICE quiera llevarse bajo custodia a alguien que fue arrestada por la policía de la ciudad, se requiere que presente una orden judicial de arresto, acompañada de motivos fundados.

El tema de las retenciones de ICE fue gráficamente simbolizado por una escultura de madera que NSM colocó en la acera del edificio del Ayuntamiento de Filadelfia como parte de su campaña de concienciación pública. La escultura mostraba dos brazos, levantados. Las muñecas estaban esposadas con grilletes de hielo auténtico que se fue poco a poco derritiendo, un indeleble juego visual preservado para la historia gracias a la lente de Finkle.

Al igual que Filadelfia, varios cientos de jurisdicciones han adoptado prácticas que limitan la cooperación con ICE de los cuerpos de seguridad de la ciudad, del condado o del estado.

En enero de 2017, el presidente Trump firmó una orden ejecutiva dirigida a castigar a las jurisdicciones santuario, amenazándolas con reducir parte de los fondos federales que reciben. Filadelfia, junto con otras ciudades, desafió esa orden por medio de una demanda legal, la cual ganó.

Trump y sus partidarias sostienen que las jurisdicciones santuario amparan a peligrosas criminales. Las defensores de las políticas de santuario afirman que las ciudades son más seguras cuando las inmigrantes, incluyendo las indocumentadas, pueden acudir a la policía si son víctimas o testigos de un delito, sin temer que ese contacto resulte en su deportación.

A NSM le gusta decir que "el santuario se construye desde abajo". En 2018, cuando surgieron ataques reales y simbólicos contra inmigrantes, NSM se arraigó con mayor profundidad en su creencia fundamental de que todas las personas, sin importar su estatus migratorio, "merecen estar seguras, ser respetadas y que se les dé la bienvenida en comunidades donde puedan lograr su bienestar integral, a nivel económico, espiritual y emocional".

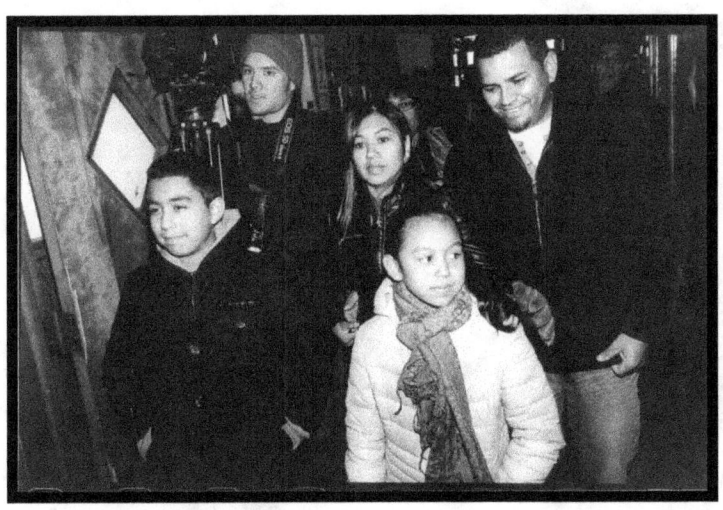

Angela, her husband Ermer (right) and their children (foreground).

Las fotografías en este volumen muestran sus rostros. Algunos están fruncidos por la angustia; otros iluminados por la esperanza.

A diferencia de la crisis de santuario centroamericano de la década de los 80, la cuestión hoy, para las personas que comparten las creencias de NSM, no es cómo traer a inmigrantes vulnerables a los Estados Unidos, sino cómo mantener a las más vulnerables, entre las millones que ya están aquí, para que no sean arrojadas fuera del país.

—Filadelfia, 2020

Photography by Harvey Finkle • xv

FACES OF COURAGE:

Ten Years of Building Sanctuary

PHOTOGRAPHY BY HARVEY FINKLE

Teresa Herrera participating in Via Crucis in Kensington with other members of Visitation BVM Church as they walk through the neighborhood remembering Jesus' crucifixion. Faith, collective action and deep community are pillars of NSM. (2011)

• • •

Teresa Herrera participa en un Vía Crucis en Kensington con otros miembros de la iglesia Visitation BVM, mientras caminan por el barrio rememorando la crucificción de Jesucristo. La fe, la acción colectiva, y la comunidad en su sentido más profundo son pilares fundamentales de NSM. (2011)

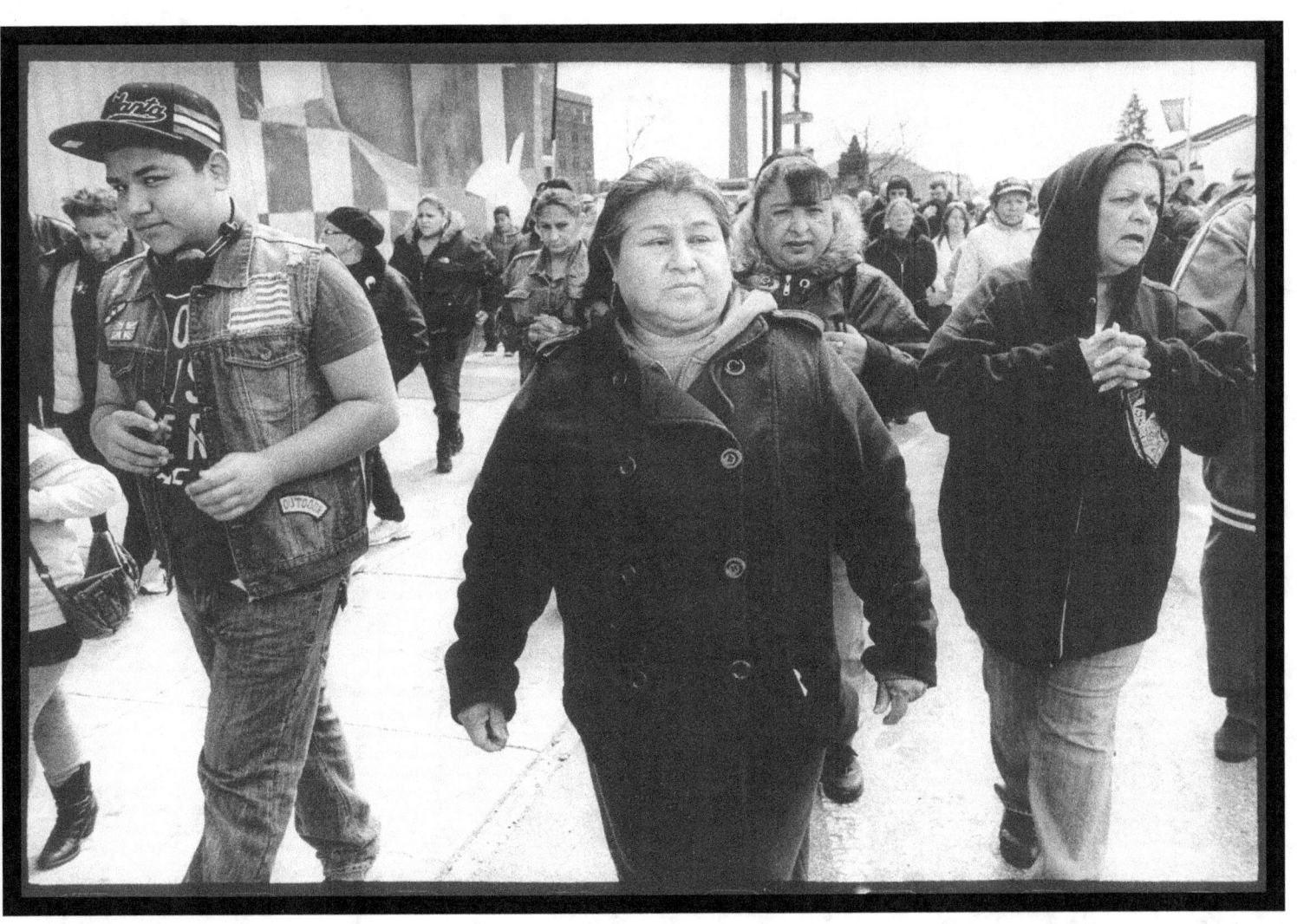

Tamara Jimenez at the Day of the Dead action at Philadelphia City Hall to end Police/ICE collaboration. The goal: ending ICE access to the city's Preliminary Arraignment Reporting System (PARS) database. Day of the Dead is a Mexican holiday to honor ancestors who have perished. (2009)

• • •

Tamara Jiménez en una acción del Día de Muertos delante del Ayuntamiento de Filadelfia para exigir el cese de la colaboración entre la policía y ICE. El objetivo: acabar con el acceso de ICE al Sistema de Informes de Lectura de Cargos Preliminares (PARS por sus siglas en inglés). El Día de Muertos es una festividad mexicana en la que se honra a las antepasadas que han fallecido. (2009)

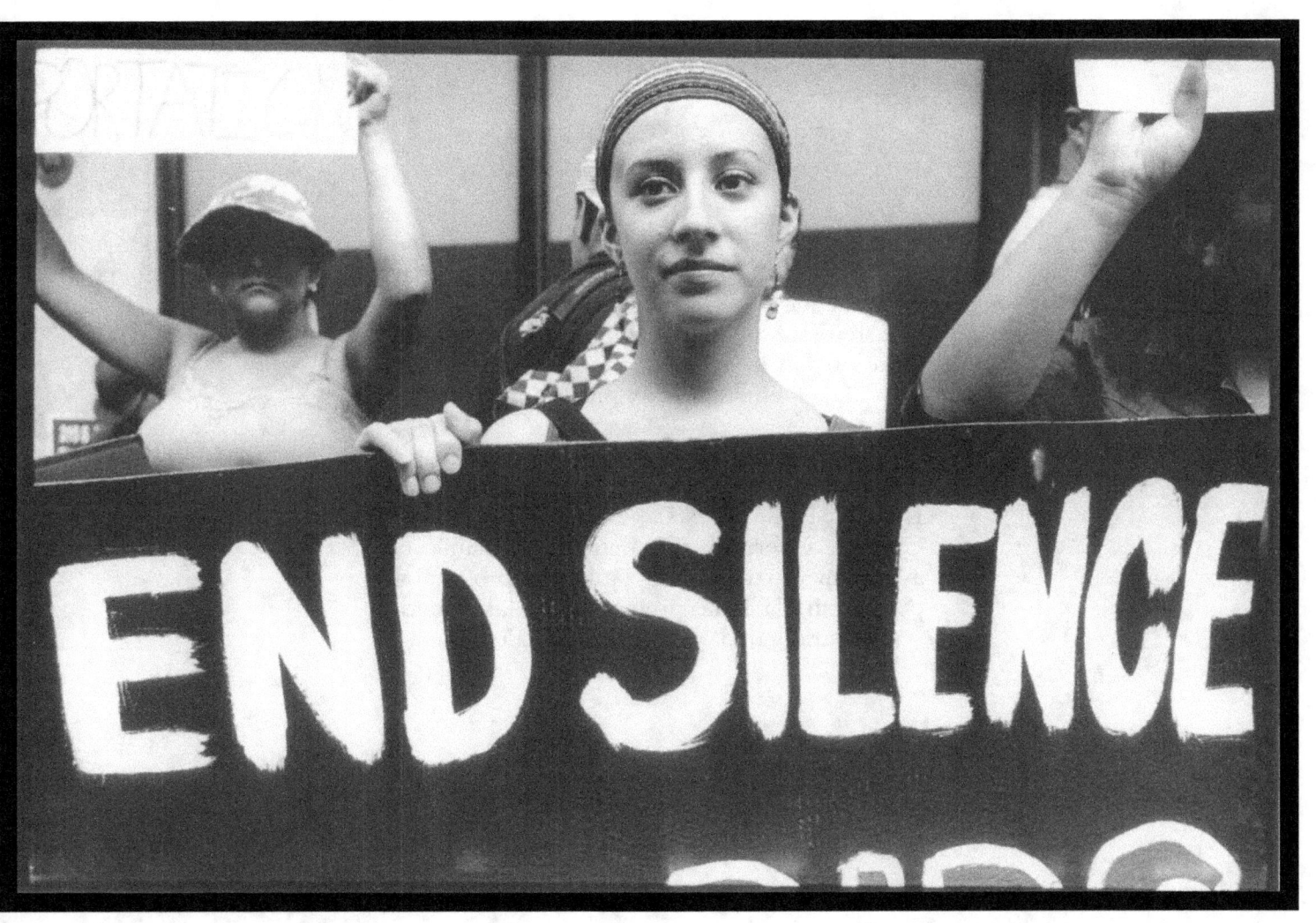

 END SILENCE

NSM activists Nicole Kligerman and Carmen Guerrero are arrested at Philadelphia City Hall protesting the Nutter administration's rollback of sanctuary city protections.

• • •

Las activistas de NSM Nicole Kligerman y Carmen Guerrero son detenidas delante del ayuntamiento de Filadelfia mientras protestaban por la retirada de las protecciones a las ciudades santuario bajo la administración de Nutter.

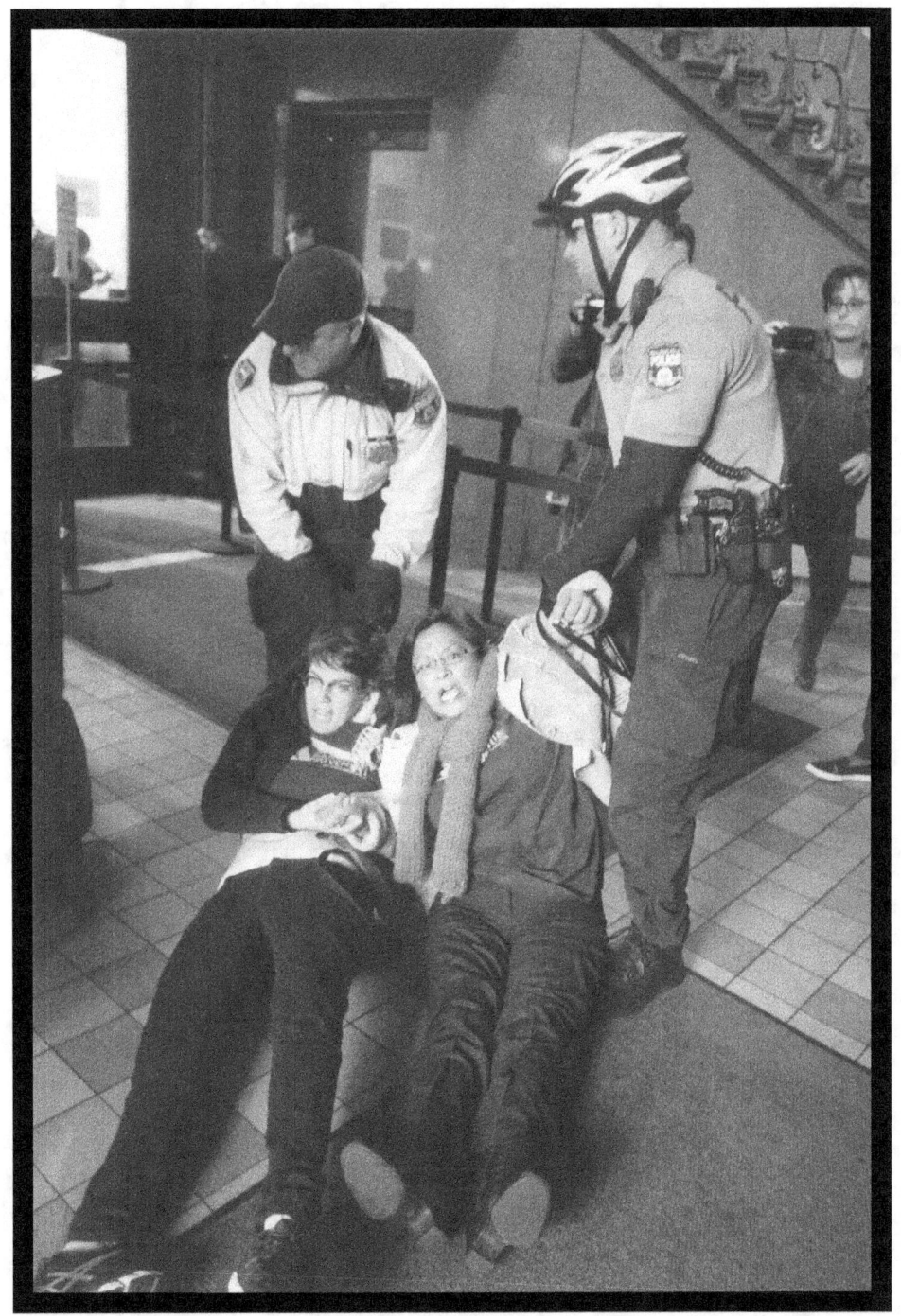

Rallying in support of NSM's "The People's Executive Order" are (left to right): Maria Navarro, her daughter Brianna Munoz, Estela Hernandez and Mario Lopez. The demonstrators opposed Mayor Michael Nutter's rollback of Philadelphia's sanctuary city policy, an action he took with two weeks left in his term. NSM continued its campaign, building its ranks and political power. Nutter's successor, Jim Kenney, signed the policy back into law on his first day in office. (2015)

• • •

Una concentración de apoyo a la "Orden Ejecutiva del Pueblo" de NSM. Están, de izquierda a derecha: María Navarro, su hija Brianna Muñoz, Estela Hernández y Mario López. Las manifestantes se opusieron a la retirada de la política de protección a las ciudades santuario, una medida llevada a cabo por el alcalde Michael Nutter a sólo dos semanas de terminar su mandato. NSM siguió con su campaña, construyendo fuerza política y ampliando su base. En su primer día como alcalde, el sucesor de Nutter, Jim Kenney, firmó una orden para que dicha política de protección volviera a tener carácter de ley. (2015)

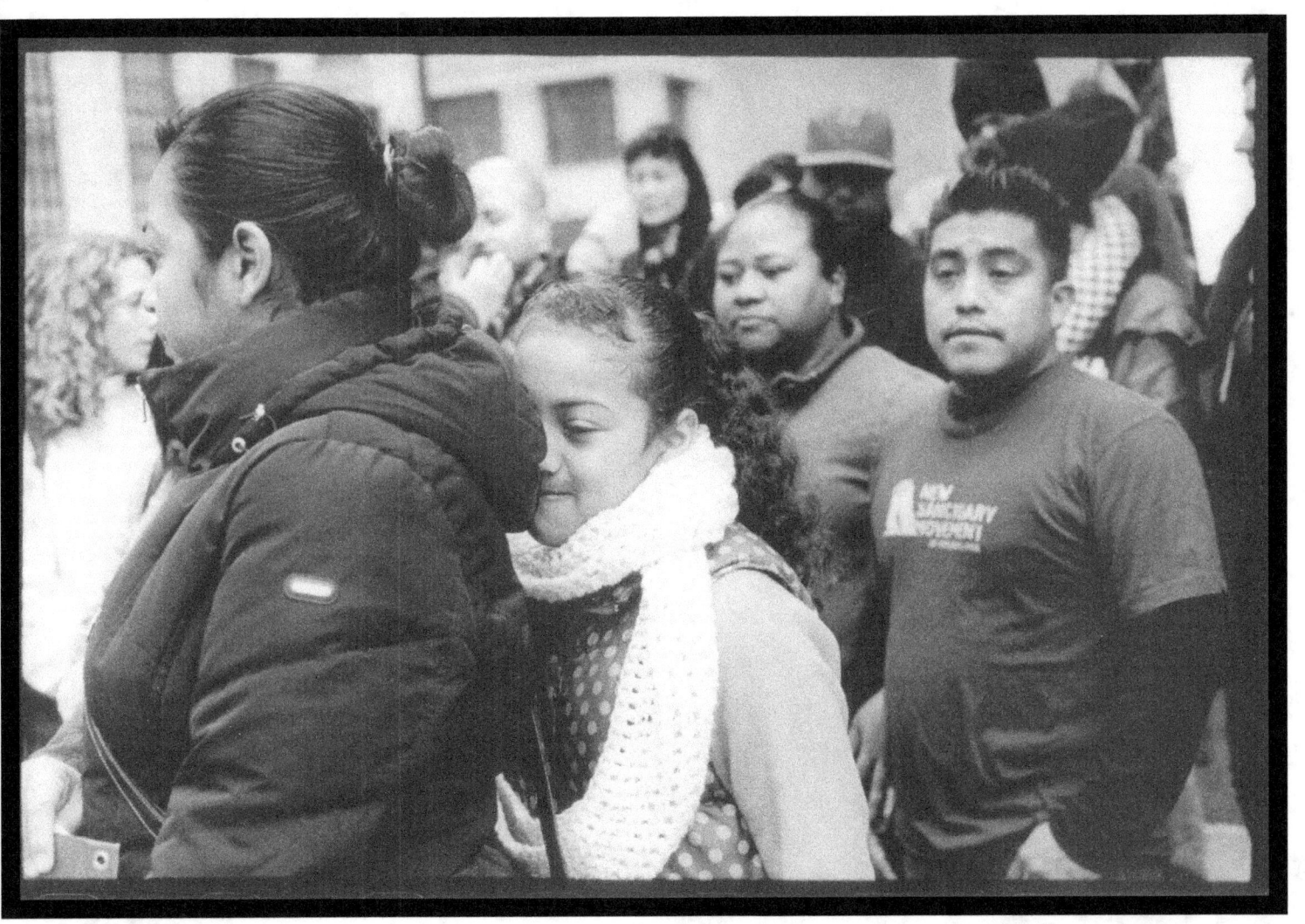

NSM youth, leading the way.

• • •

Jóvenes de NSM, marcando el camino.

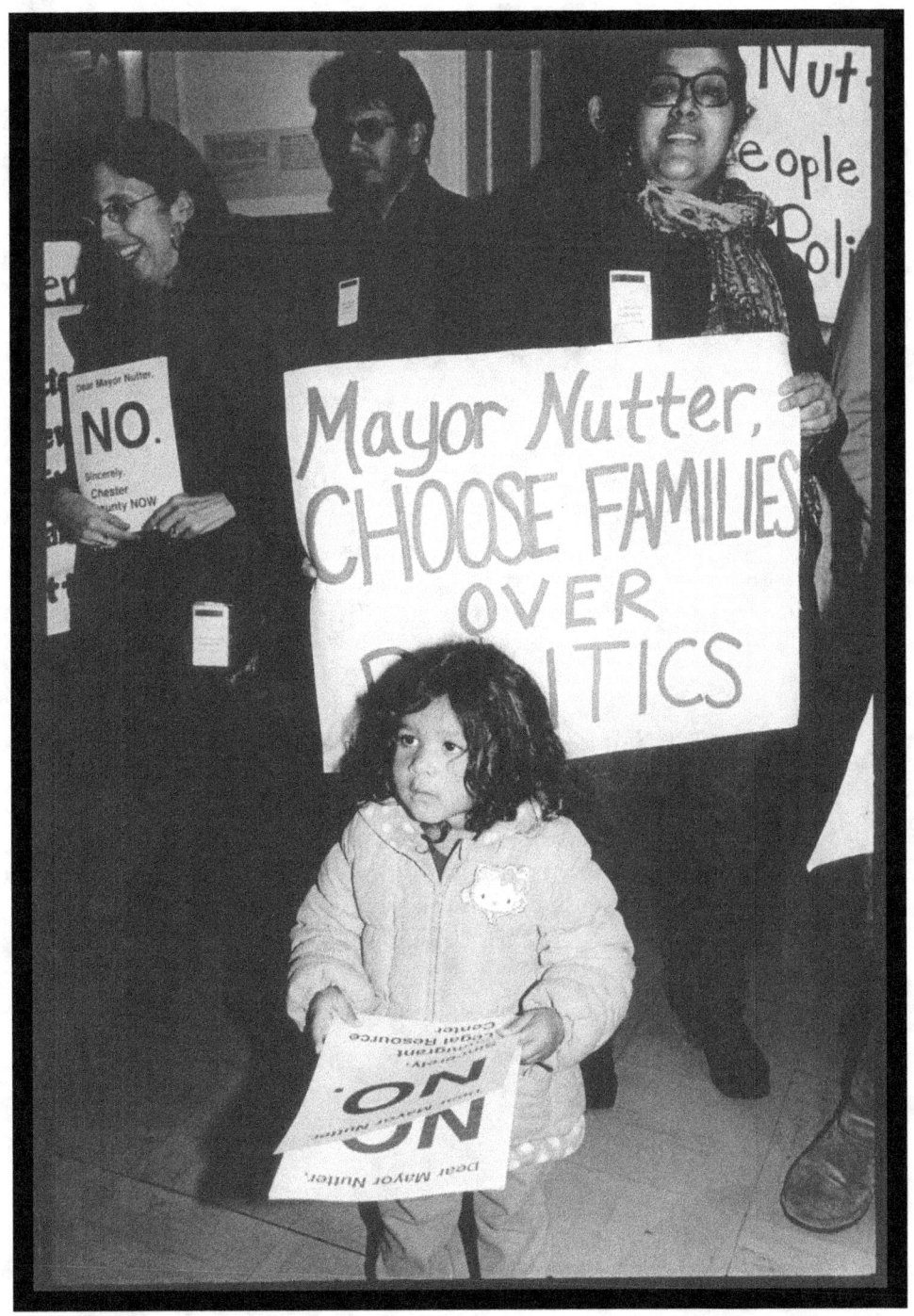

NSM member Jacobo Sandoval, in the basement of BVM Church, at the launch of "Sanctuary in the Streets," a rapid response program providing witness and support for immigrants during an immigration raid. (2016)

• • •

Jacobo Sandoval, miembro de NSM, en el sótano de la iglesia Visitation BVM al inicio de la campaña "Santuario en las Calles", un programa de respuesta inmediata que ofrecería testigos y apoyo para inmigrantes durante las redadas migratorias. (2016)

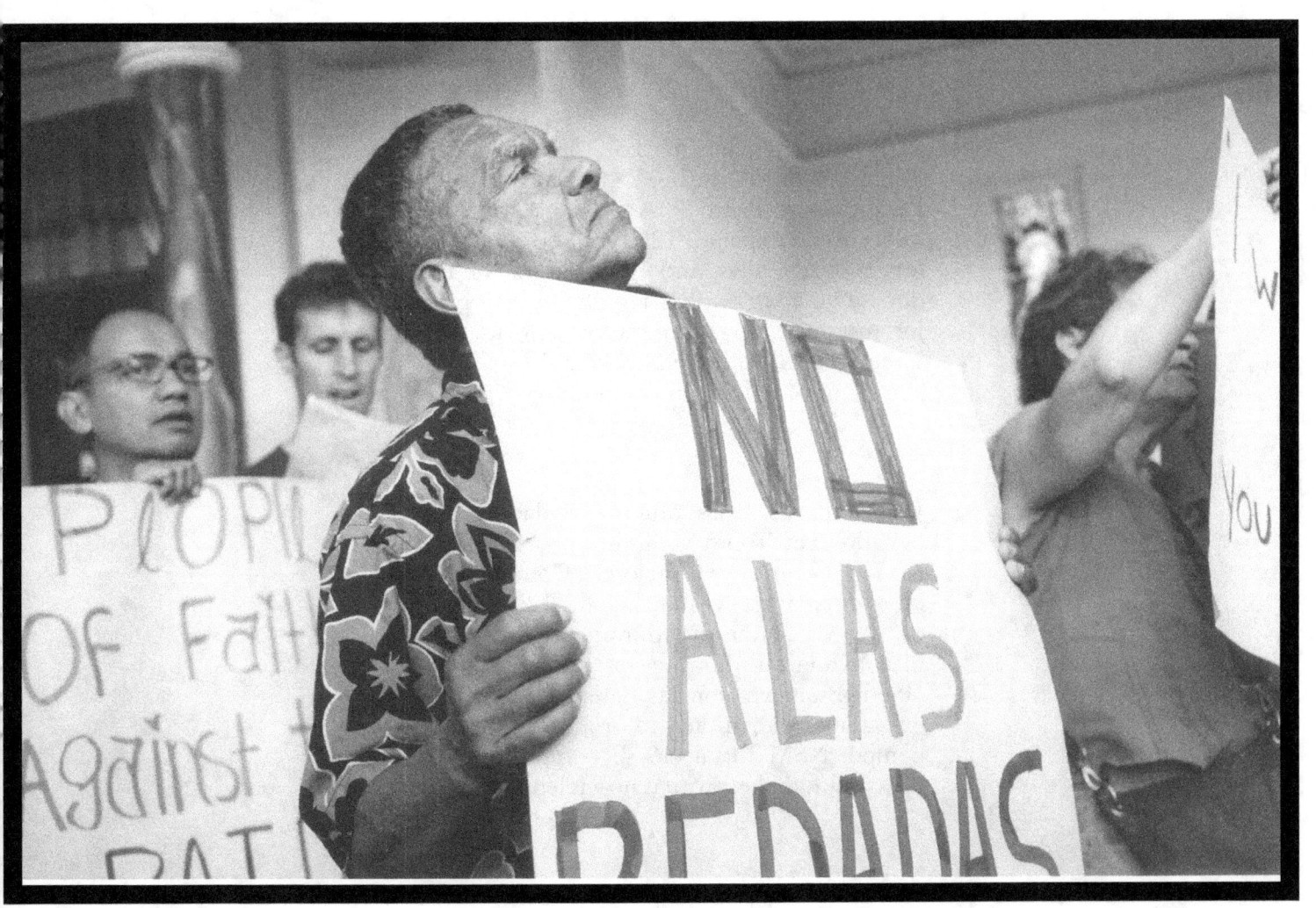

Jorge Salazar outside of U.S. Senator Pat Toomey's office during "40 Days of Action, Fasting, and Prayer." As part of this public awareness campaign, 125 NSM members fasted for up to five days, and 10 fasted for the full 40 days. The goal: ending ICE holds and pushing for just and fair immigration reform. At the same time, NSM honed its discipline of spiritual nonviolence as a community. (2013)

• • •

Jorge Salazar a las afueras de la oficina del Senador Pat Toomey durante los "40 Días de Acción, Ayuno y Oración." Como parte de la campaña de visibilización, 125 miembros de NSM ayunaron durante cinco días, y diez ayunaron durante los cuarenta días. El objetivo: acabar con las detenciones de ICE y exigir una reforma migratoria justa. Al mismo tiempo, NSM fortaleció su compromiso como comunidad espiritual no-violenta. (2013)

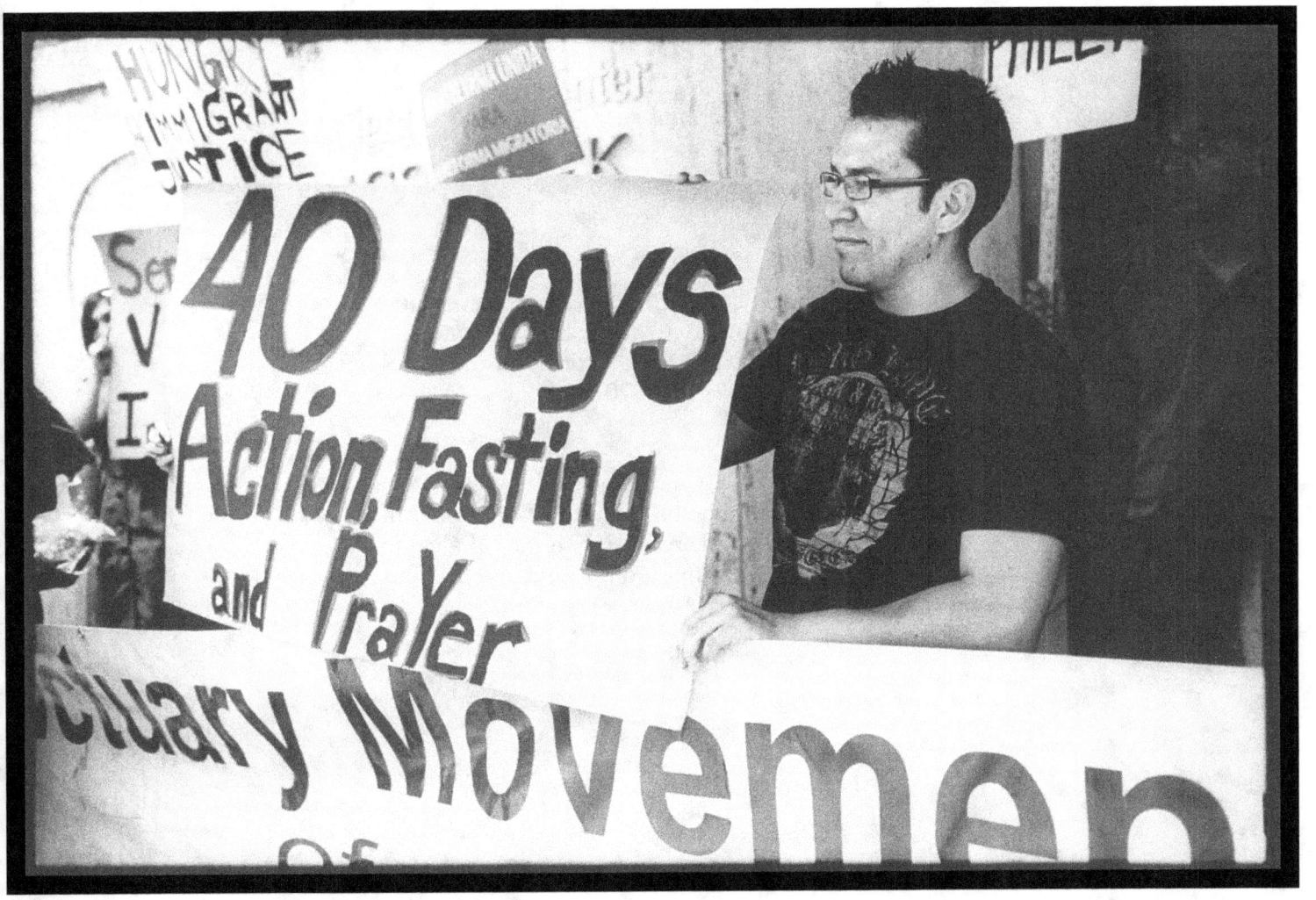

(left to right) Heather Bargeron and Rev. Katie Aikens deliver bread to Mayor Nutter at City Hall during "40 Days of Action, Fasting, and Prayer." (2013)

• • •

(De izquierda a derecha) Heather Bargeron y la reverenda Katie Aikens entregan pan al alcalde Nutter en el Ayuntamiento durante los "40 Días de Acción, Ayuno y Oración."

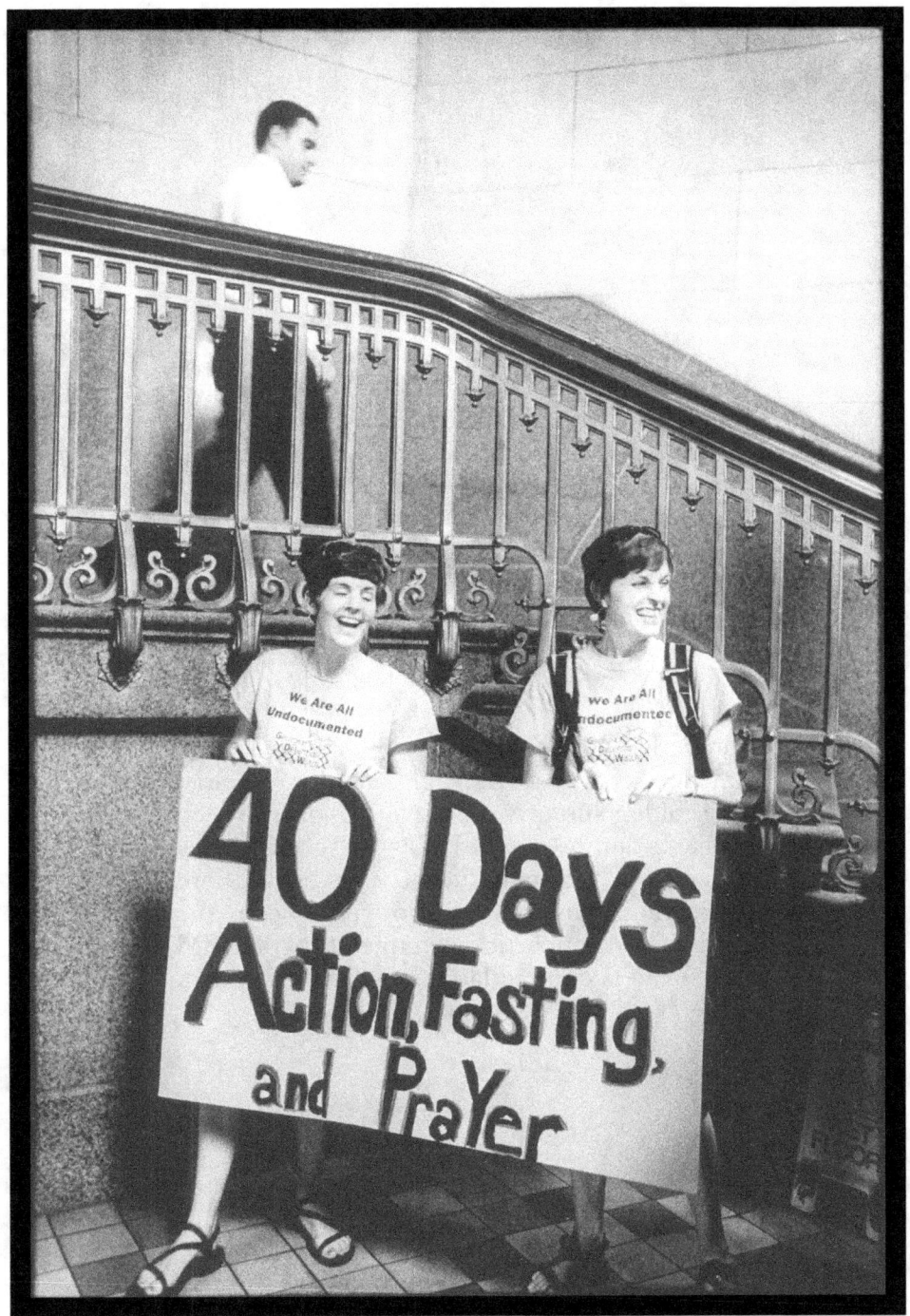

Kimberly Quintero, Nacho Flores, and Tamara Jimenez deliver bread to Sen. Toomey, Mayor Nutter, and District Attorney Seth Williams during "40 Days of Action, Fasting, and Prayer." The bread, made by undocumented workers, accompanied an invitation to break bread with NSM members, listen to the immigrant community and hear its demands. (2013)

• • •

Kimberly Quintero, Nacho Flores y Tamara Jiménez entregan pan al senador Toomey, al alcalde Nutter y al fiscal de distrito Seth Williams durante los "40 Días de Acción, Ayuno y Oración." El pan, hecho por trabajadores indocumentadas, se ofreció junto con una invitación a compartirlo con miembros de NSM, escuchar a la comunidad inmigrante y atender a sus demandas. (2013)

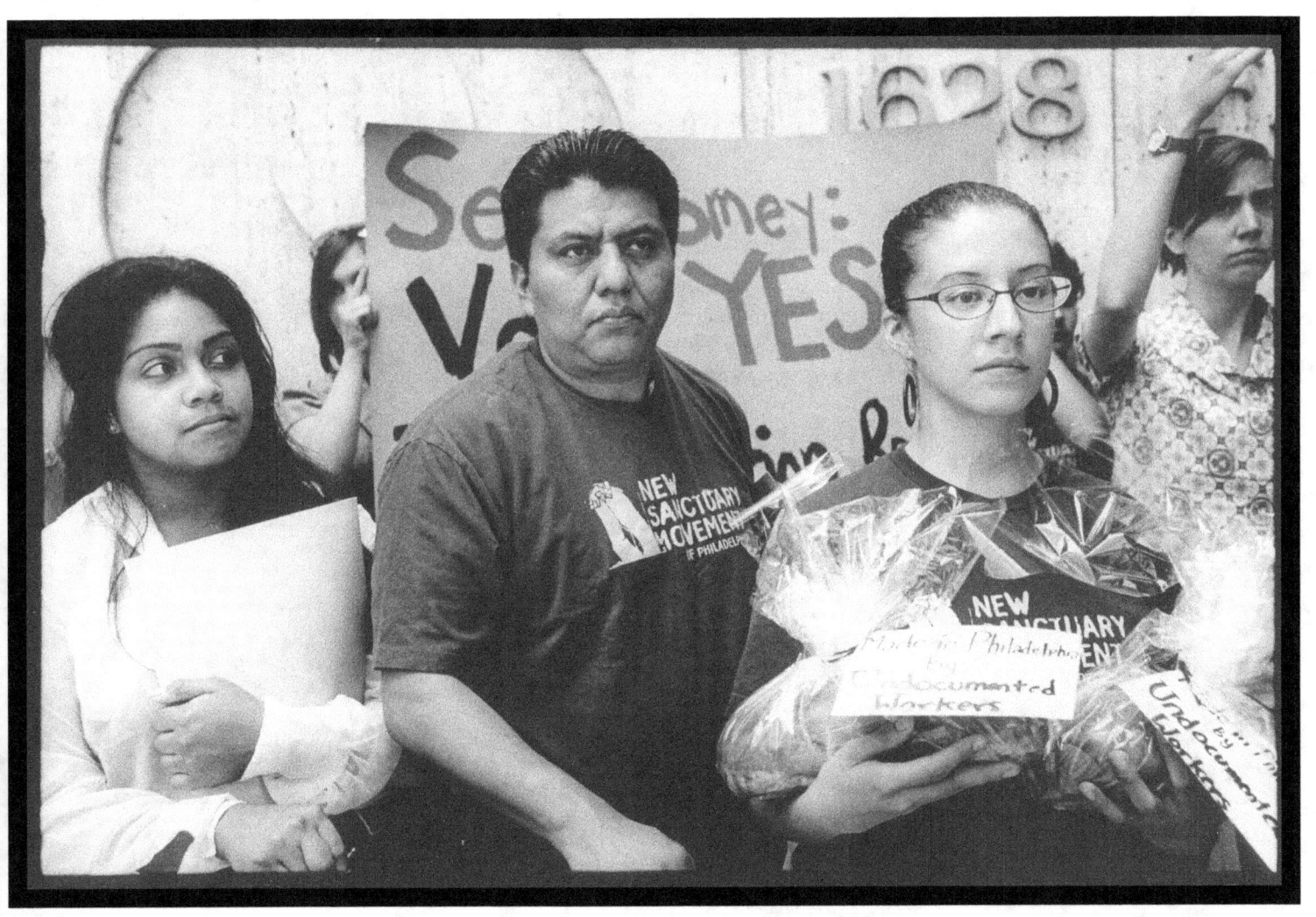

After 58 days in physical sanctuary, Angela Navarro's order of deportation was stayed by prosecutorial discretion. Angela's mother, Maria Turcios, now a community organizer for NSM, celebrates. (2015)

• • •

Después de 58 días en santuario, la orden de deportación de Ángela Navarro fue suspendida por discreción de la fiscalía. María Turcios, madre de Ángela - y en la actualidad organizadora comunitaria de NSM- lo celebra. (2015)

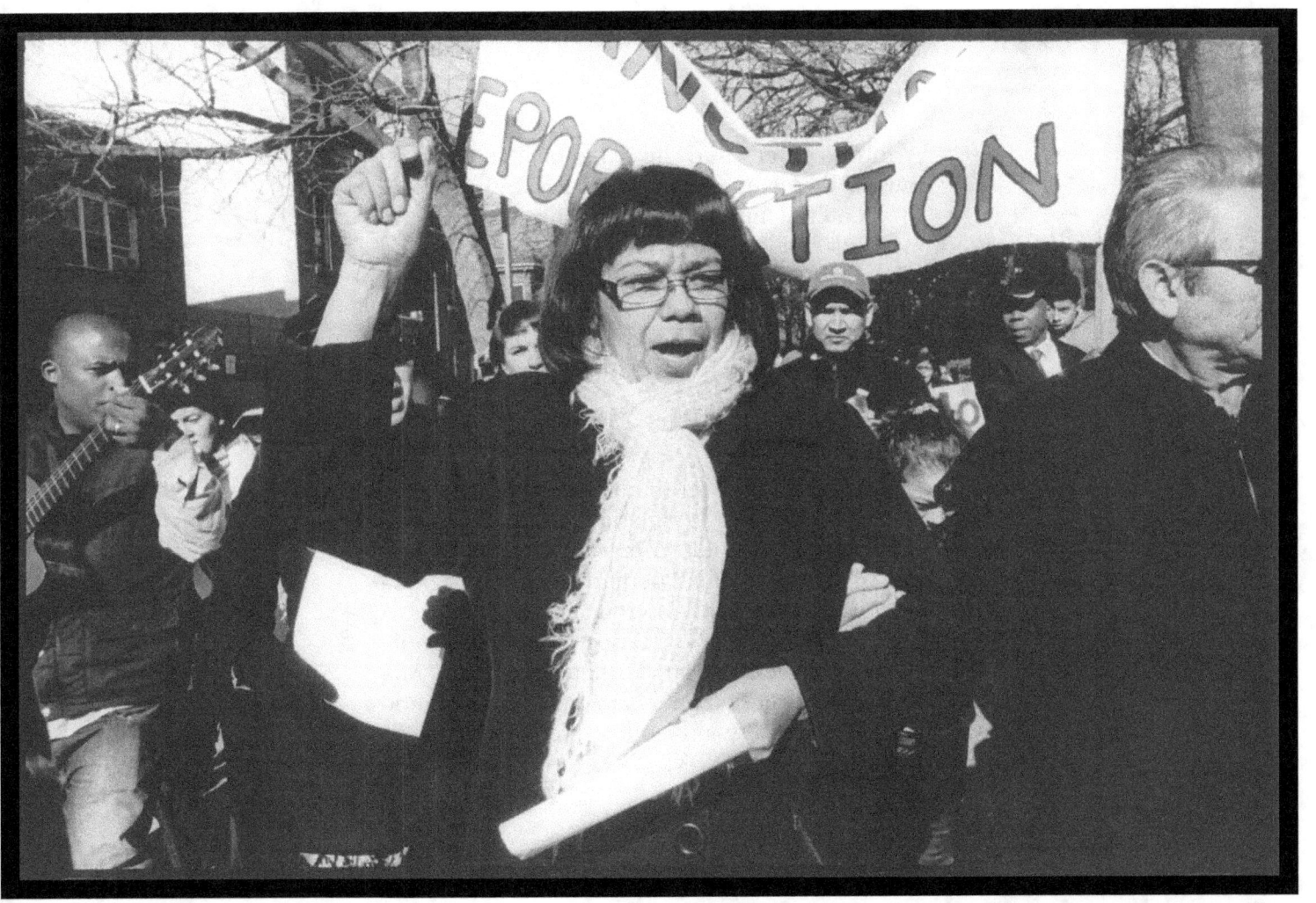

Arturo (center) and his mother Angela (left) outside West Kensington Ministry Church before they entered into sanctuary. Angela's husband and kids could leave the church for work and school, but Angela had to remain inside until she won her battle. Angela and her family led an intense campaign with the support of Rev. Adan Mairena and a team of NSM members. (2014)

• • •

Arturo (derecha) y su madre Ángela (izquierda) a las afueras de la iglesia West Kensington Ministry antes de entrar en santuario. El esposo de Ángela y sus hijas podían salir de la iglesia para ir al trabajo y a la escuela, pero ella debía permanecer dentro hasta que ganara su propia batalla. Ángela y su familia lideraron una campaña intensa con el apoyo del reverendo Adán Mairena y un equipo de miembros de NSM. (2014)

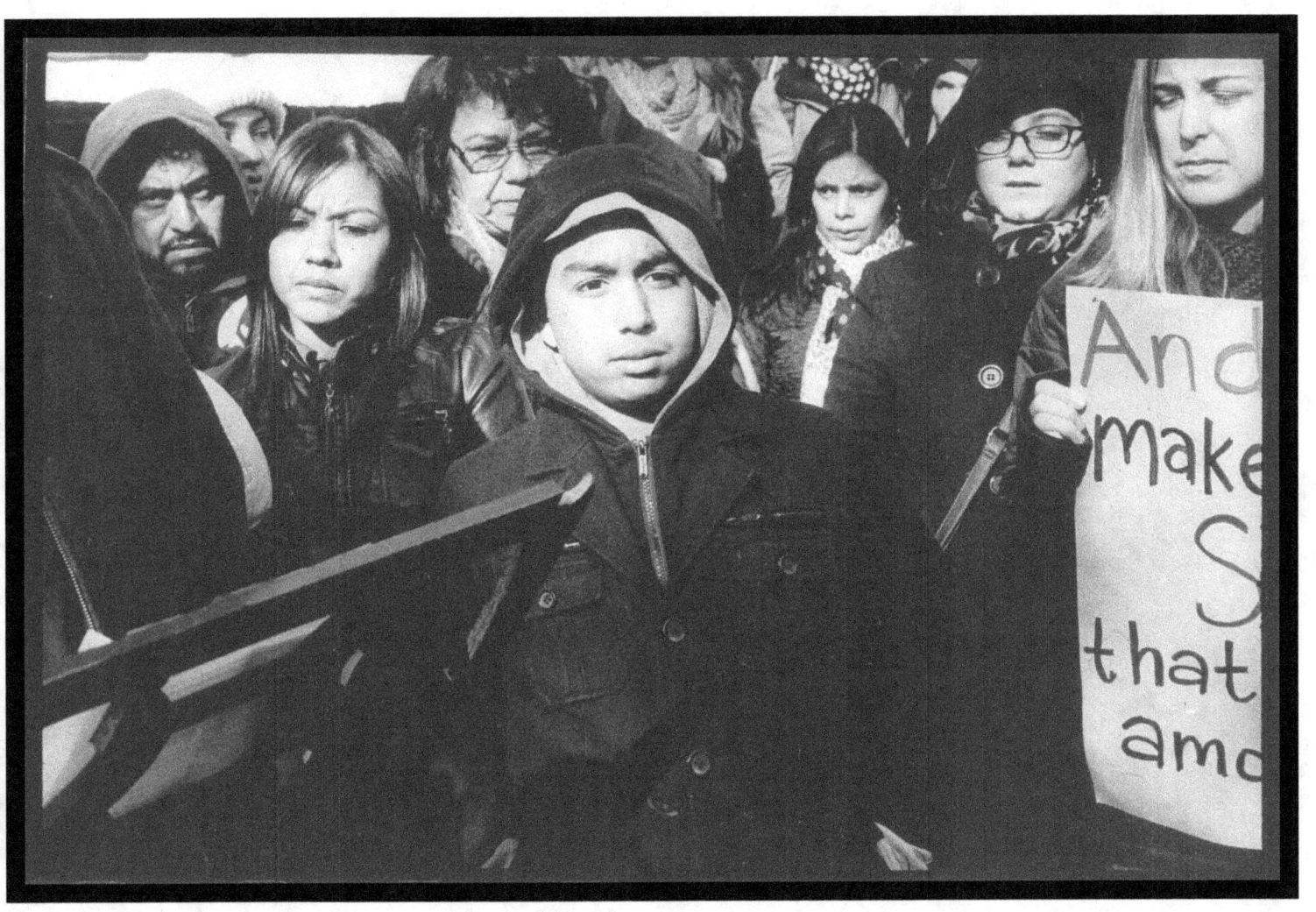

Maria Rodriguez and other members of St. Joan of Arc Parish hug Angela before she entered into sanctuary. (2014)

• • •

María Rodríguez y los miembros de la parroquia de St. Joan of Arc abrazan a Ángela antes de que ésta entre a tomar santuario. (2014)

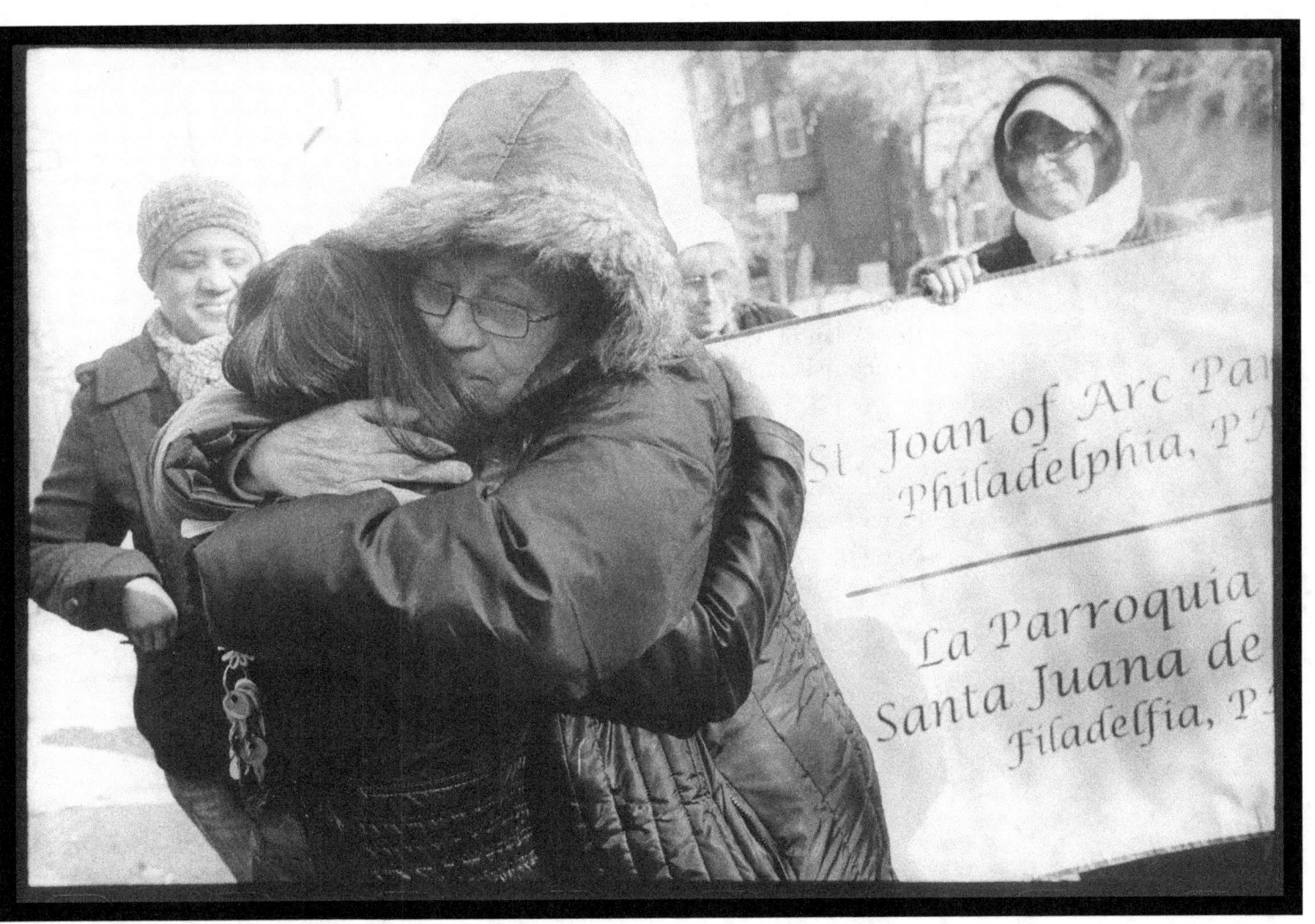

Rev. Adan of West Kensington Ministry led the service when Angela entered into sanctuary. (2014)

• • •

El reverendo Adán Mairena, de la iglesia West Kensington Ministry, dirigiendo la celebración religiosa en la que Ángela tomaría santuario. (2014)

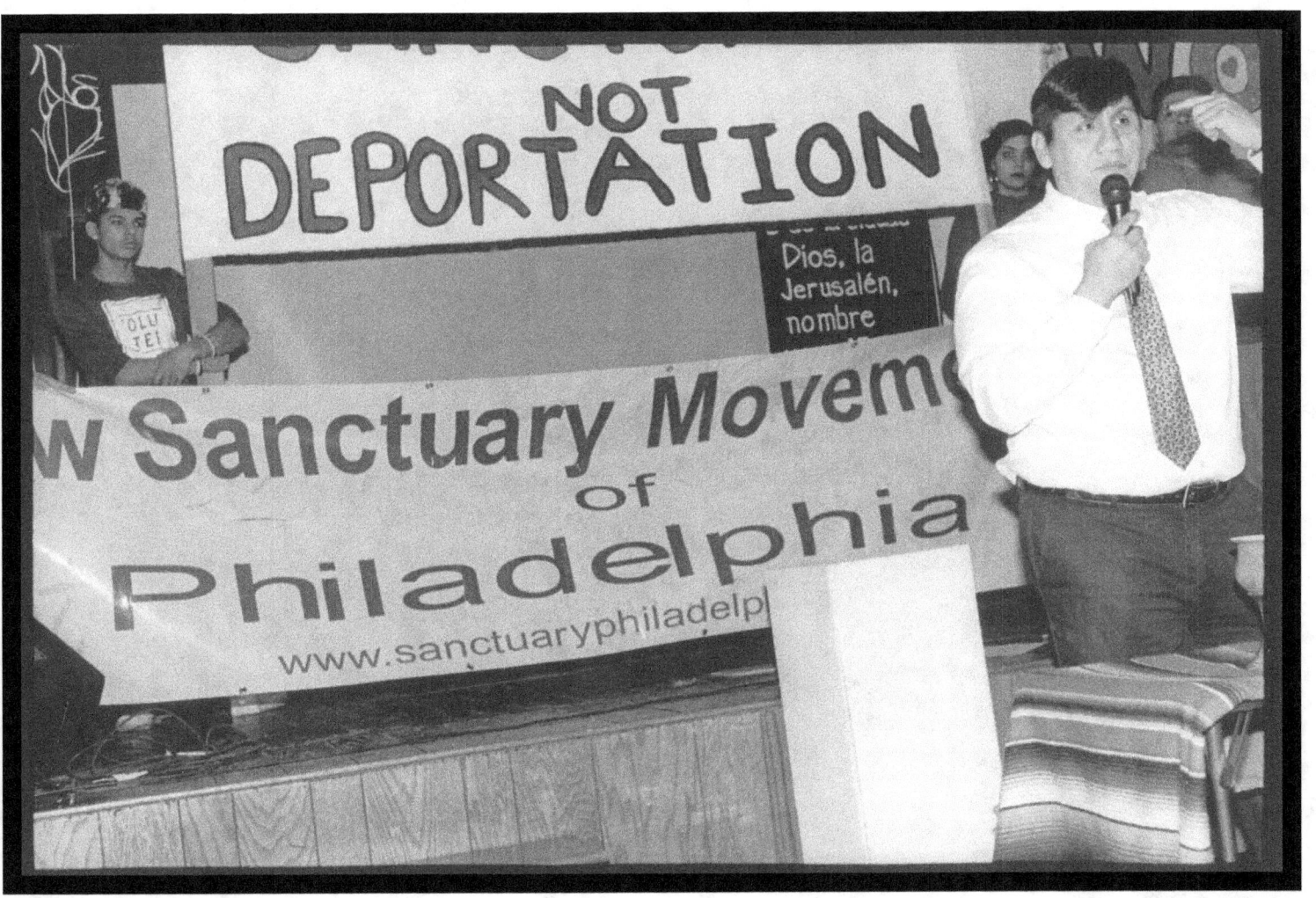

Angela, flanked by her mother, Maria, and her husband, Ermer Manrique Fernandez, at West Kensington Ministry. (2015)

• • •

Ángela, junto a su madre María y su esposo Ermer Manrique Fernández en la iglesia West Kensington Ministry. (2015)

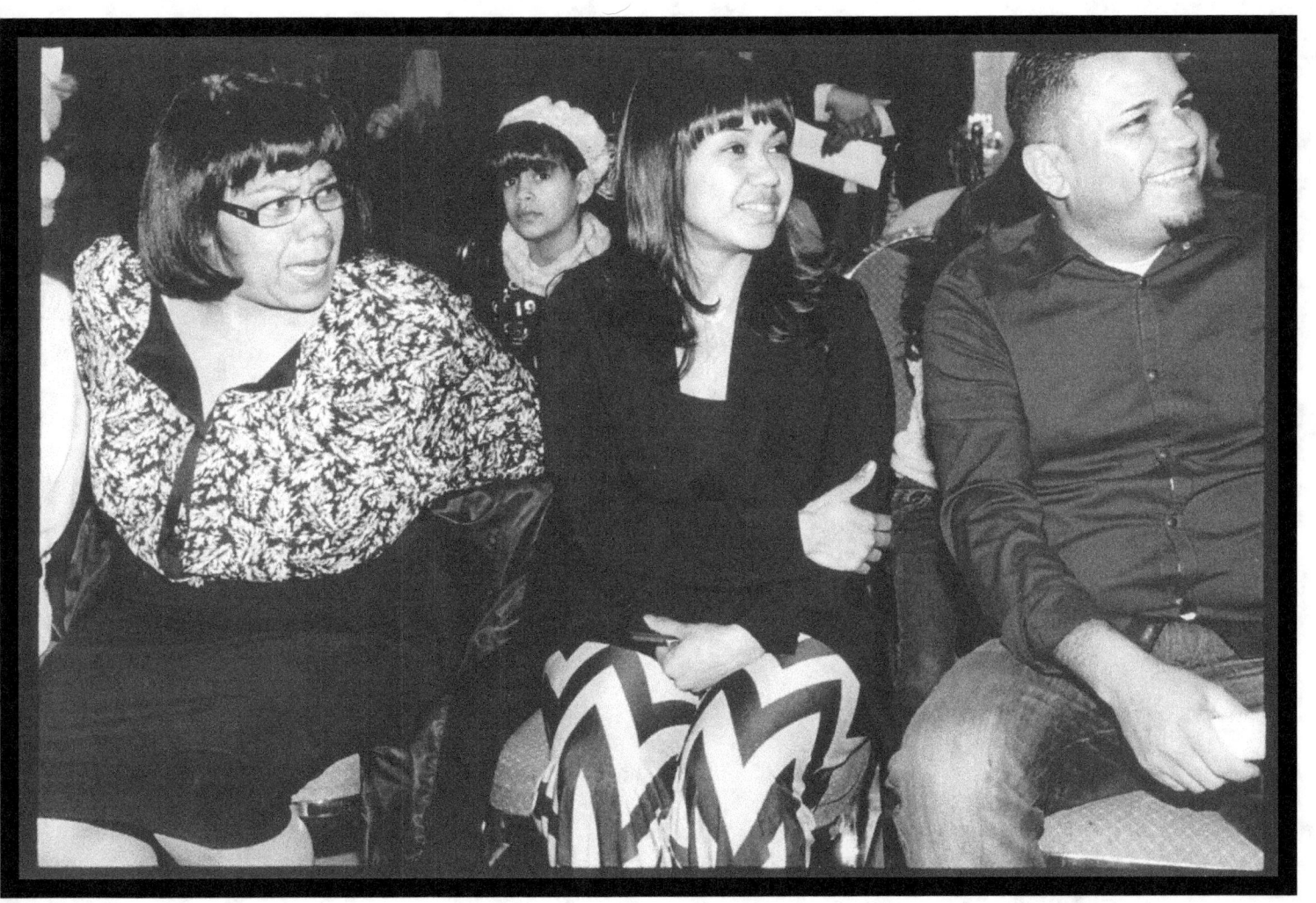

Carmen Guerrero (in sunglasses), an NSM leader in Norristown and Philadelphia, at a march in Center City.

• • •

Carmen Guerrero (con gafas de sol), líder de NSM en Norristown y Filadelfia, en una marcha en el centro de la ciudad.

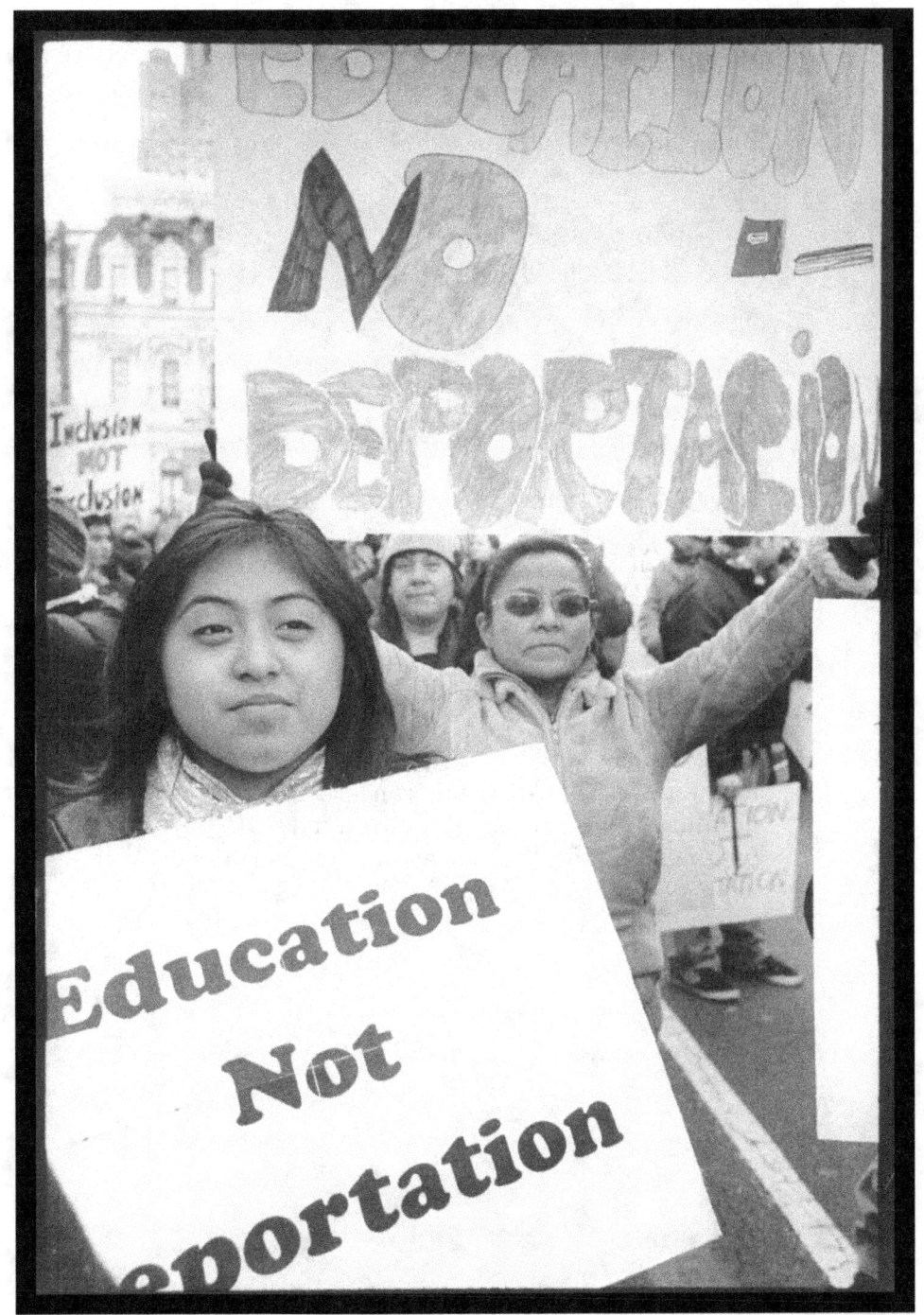

After NSM members identified obtaining a driver's license as a top priority, NSM joined Movement for Immigrant Leaders in PA (MILPA) in the "Driver's Licenses for All" campaign.

• • •

Tras identificar que conseguir licencias de conducir era un asunto prioritario, los miembros de NSM se unieron al Movimiento de Inmigrantes Líderes en Pensilvania (MILPA) bajo la campaña "Licencias de Conducir para Todos".

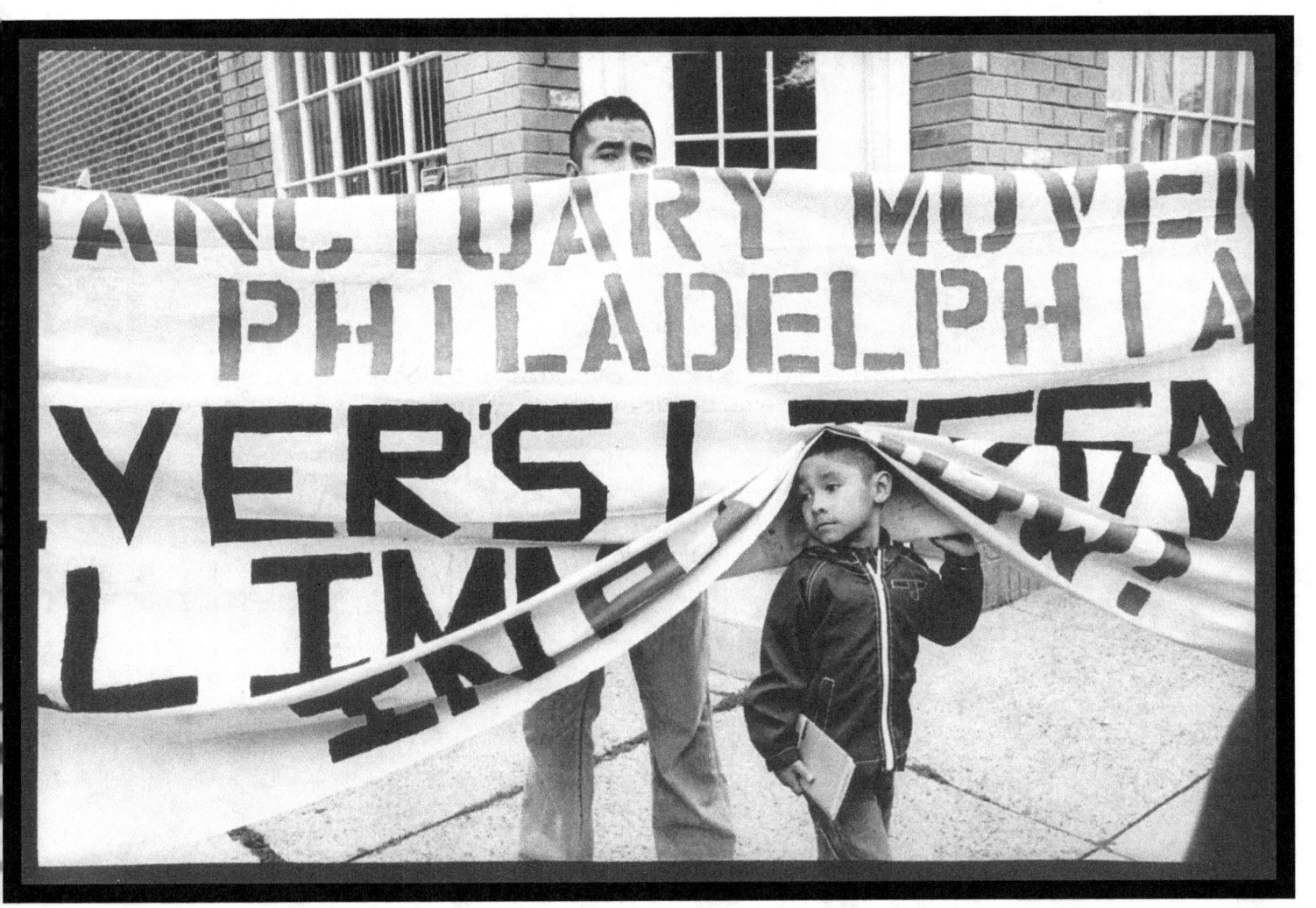

"Driver's Licenses for All" campaign, with NSM youth on the front lines.

• • •

La campaña "Licencias de Conducir para Todos" con jóvenes de NSM al frente.

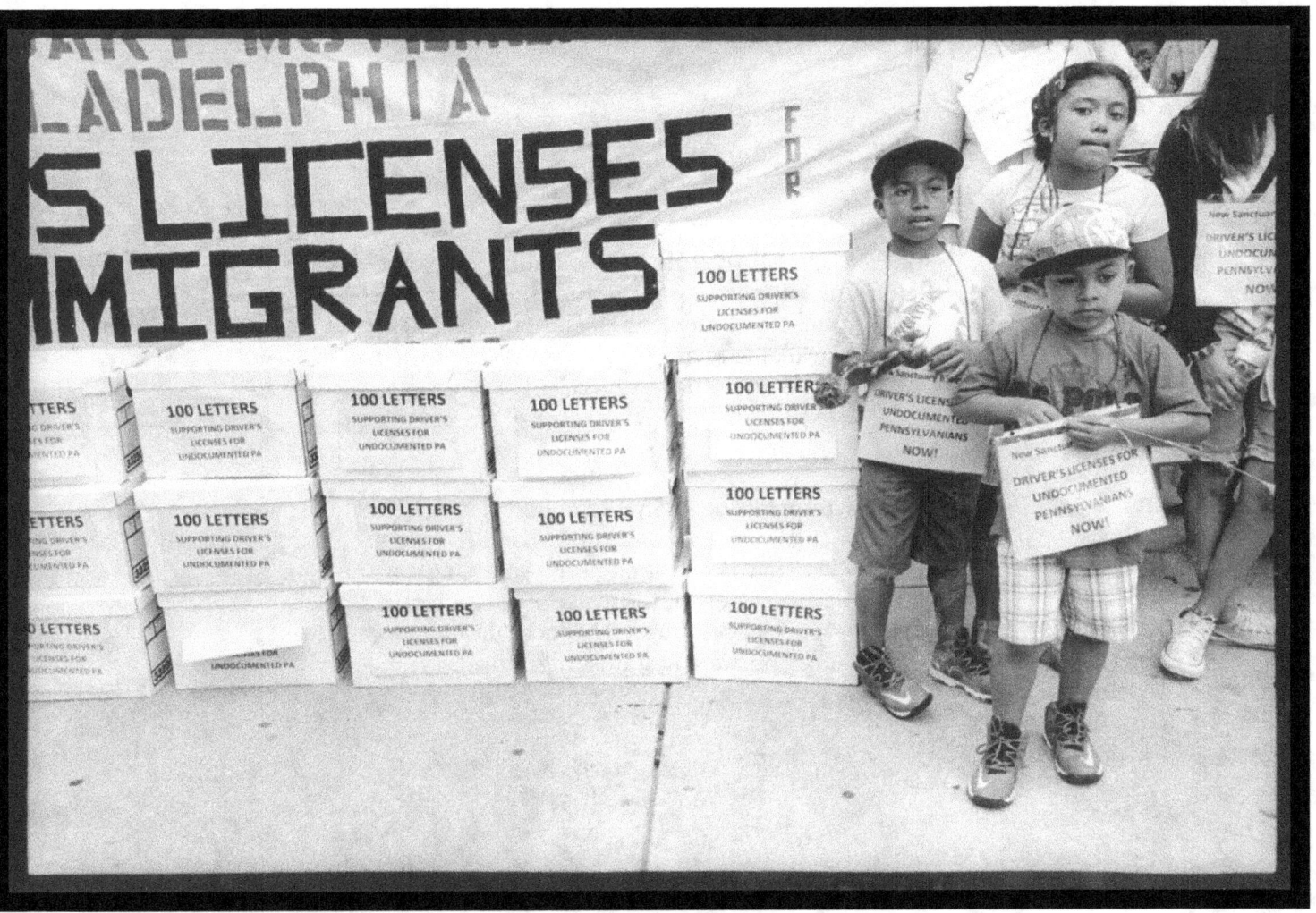

Backed by NSM, MILPA's Catalina delivered letters of support to State Representative Bill Keller seeking action on legislation to make licenses available to all people regardless of their immigration status. (2015)

• • •

Con el respaldo de NSM, Catalina de MILPA entrega cartas de apoyo al representante estatal Bill Keller para que ponga en marcha una legislación que permita que todas las personas puedan tener acceso a una licencia de manejo, sin importar su estatus migratorio.

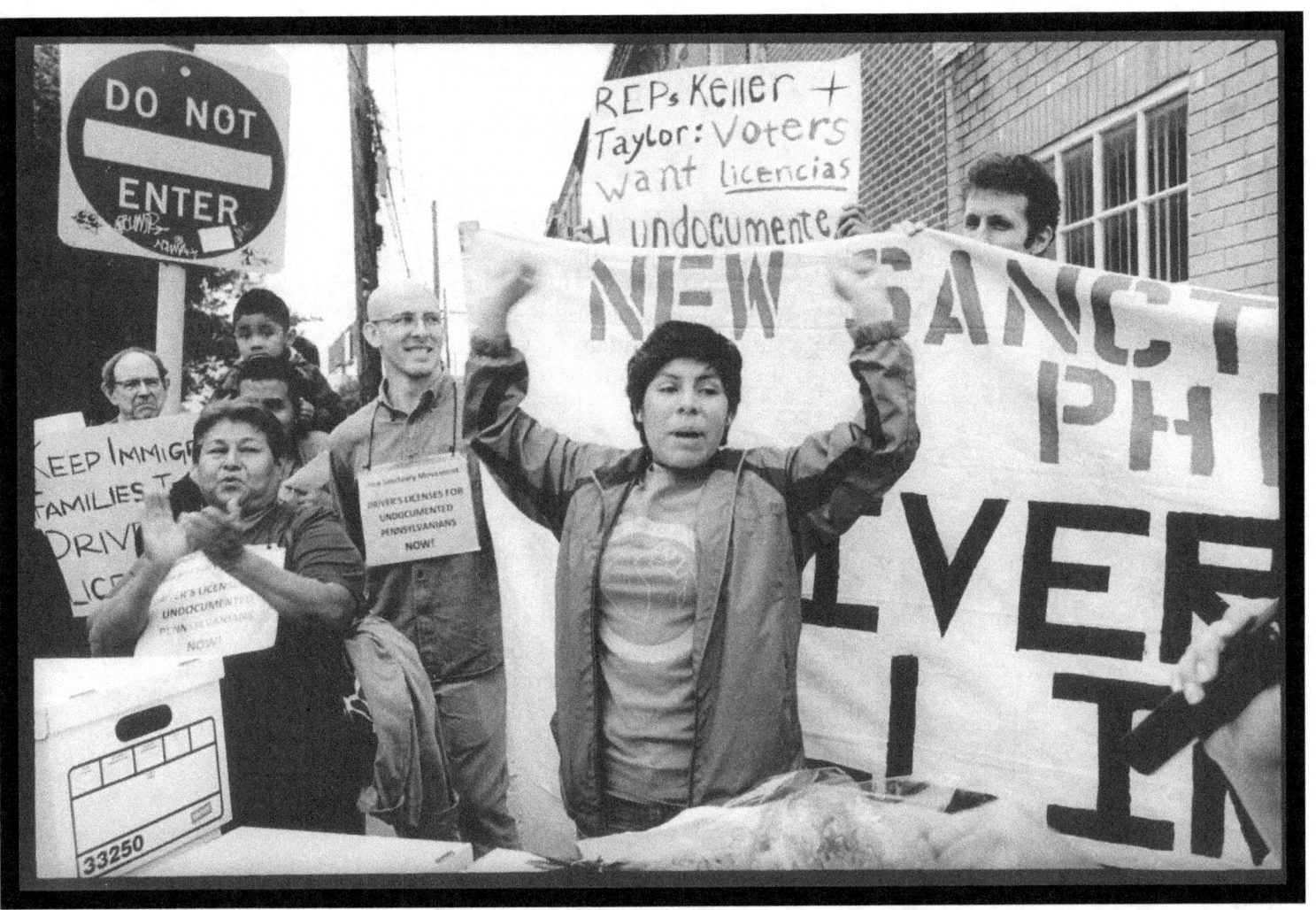

Members of the Philadelphia Family Unity Network, Pennsylvania Immigration and Citizenship Coalition, Juntos, 1Love Movement, Victim/Witness Services of South Philadelphia and NSM testified at Philadelphia City Council, keeping up the pressure on the mayor to melt ICE holds. (2014)

• • •

Miembros de Philadelphia Family Unity Network, Pennsylvania Immigration and Citizenship Coalition, Juntos, 1Love Movement, Victim/Witness Services of South Philadelphia y NSM dan testimonio ante el Consejo de la Ciudad de Filadelfia, presionando al alcalde para que dé cese a las retenciones de ICE. (2014)

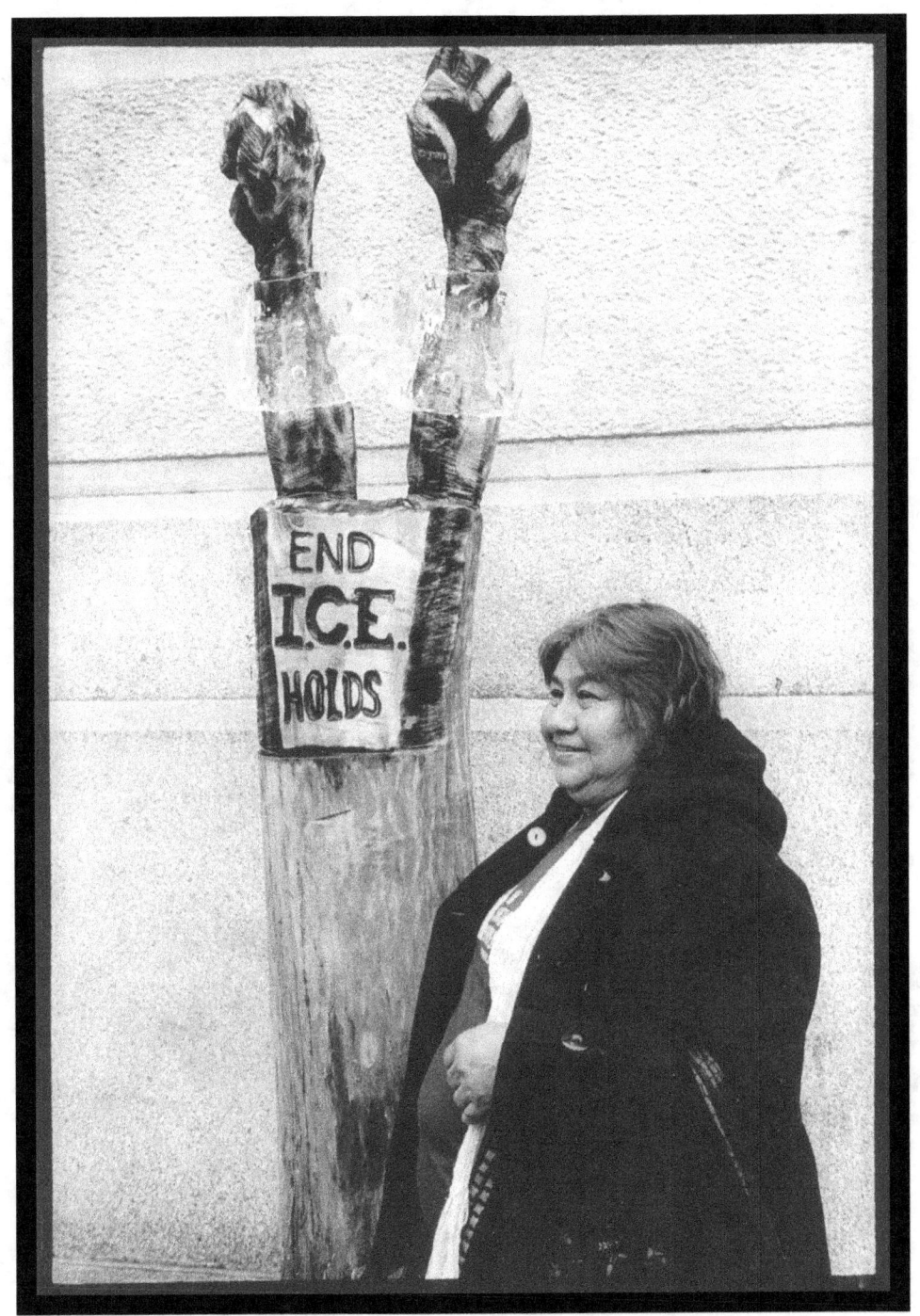

Rally at the District Attorney's Office to end ICE access to police preliminary arraignment database.

• • •

Una concentración frente a la Oficina de la Fiscalía del Distrito para acabar con el acceso de ICE al Sistema de Informes de Lectura de Cargos Preliminares (PARS por sus siglas en inglés).

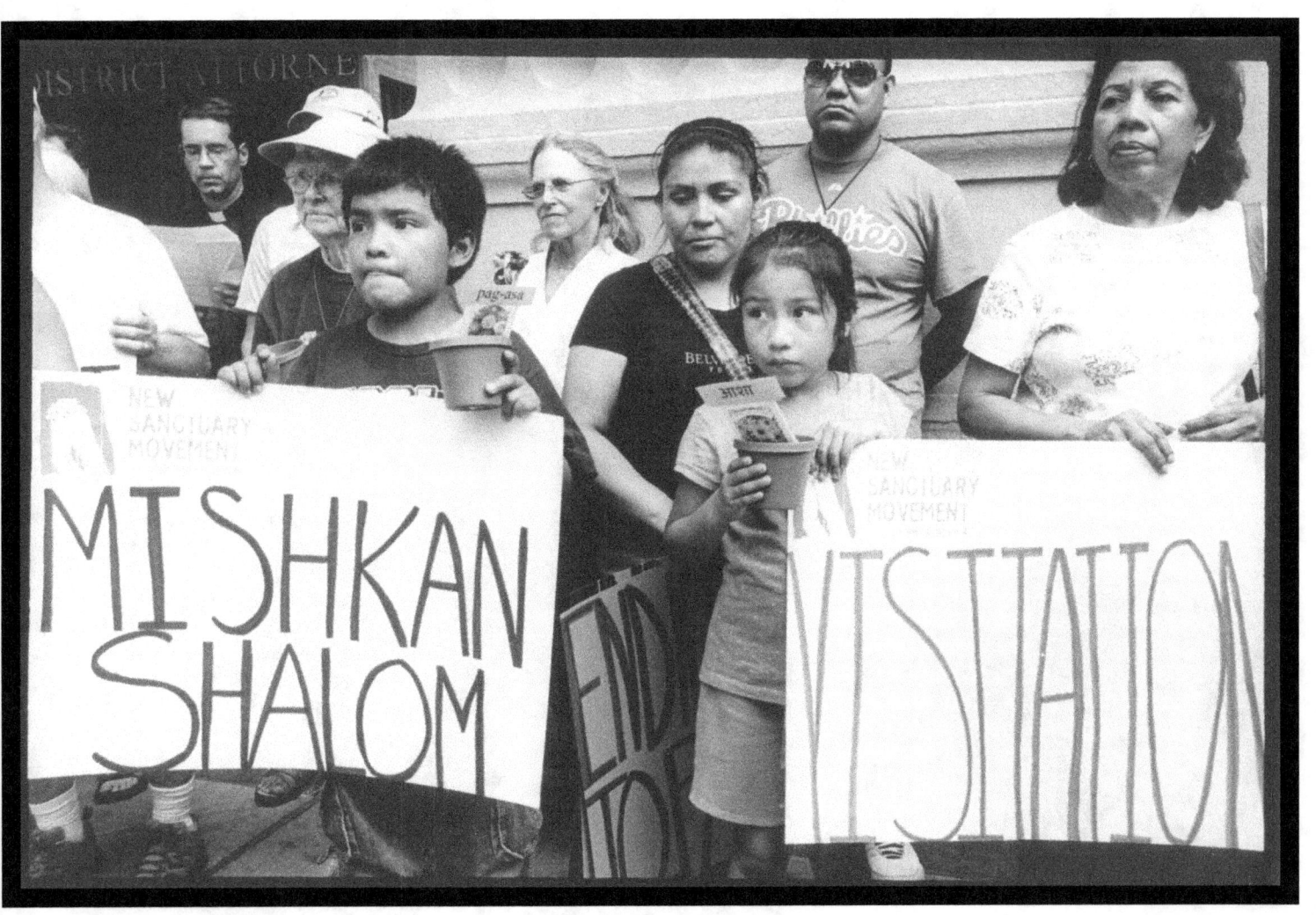

NSM Sanctuary Support for Angela. (2014)

• • •

NSM apoyando a Ángela, que está tomando santuario. (2014)

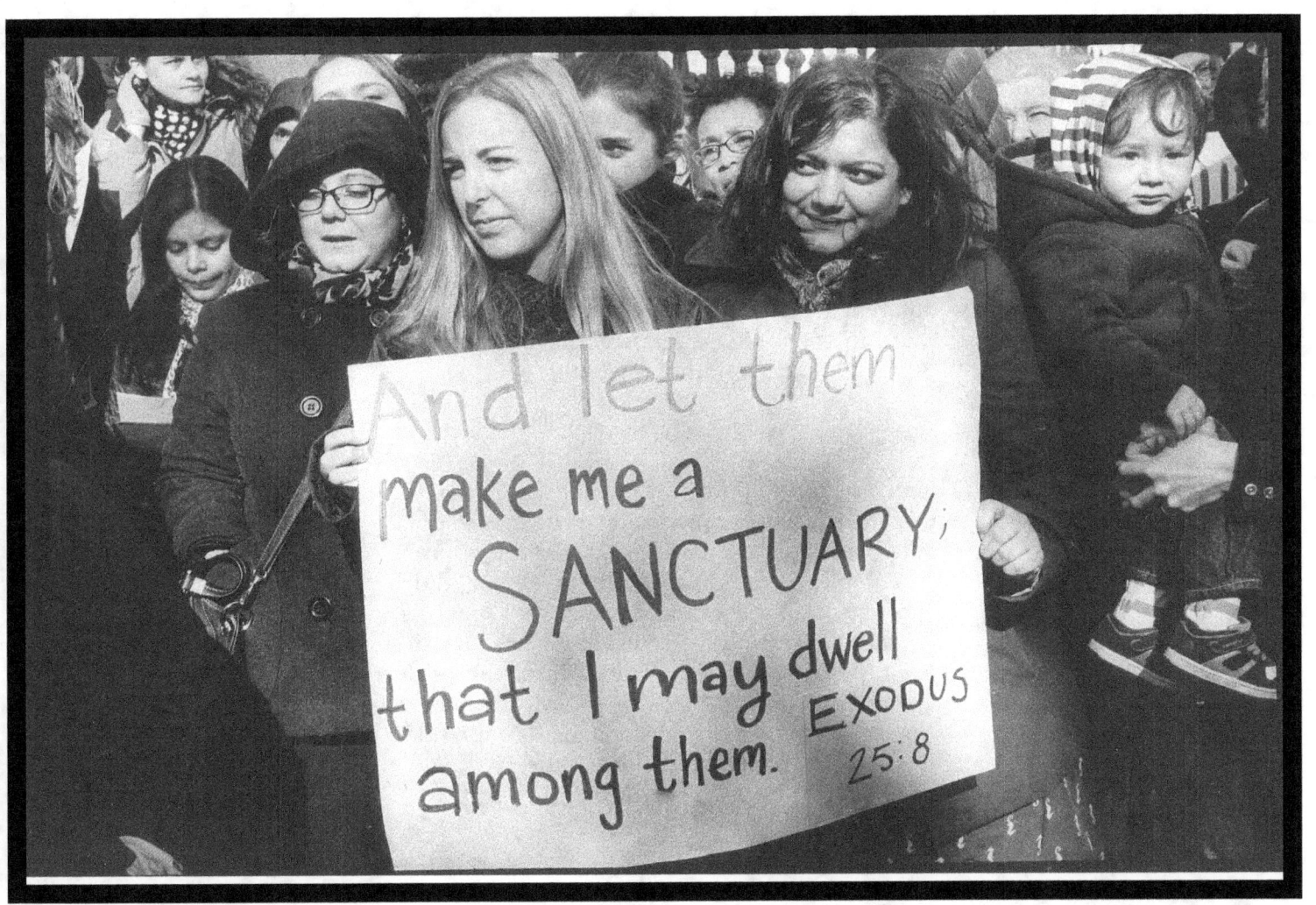

Juan DeAngulo, Yatz Marcano, and Juan's sister Martha in a shared worship service at Central Baptist Church in Wayne. Over the course of a year, in collaboration with the Interfaith Center of Greater Philadelphia, members from different NSM congregations came together to share in services and learn about each other's faith traditions. (2009)

• • •

Juan DeAngulo, Yatz Marcano y Martha, la hermana de Juan, participando en una ceremonia religiosa en la iglesia Central Baptist Church en Wayne, Pensilvania. Durante el curso del año, en colaboración con Interfaith Center of Greater Philadelphia [Centro Interreligioso del Área Metropolitana de Filadelfia], miembros de diferentes congregaciones de NSM se unieron para compartir celebraciones religiosas y aprender de sus diferentes tradiciones de fe. (2009)

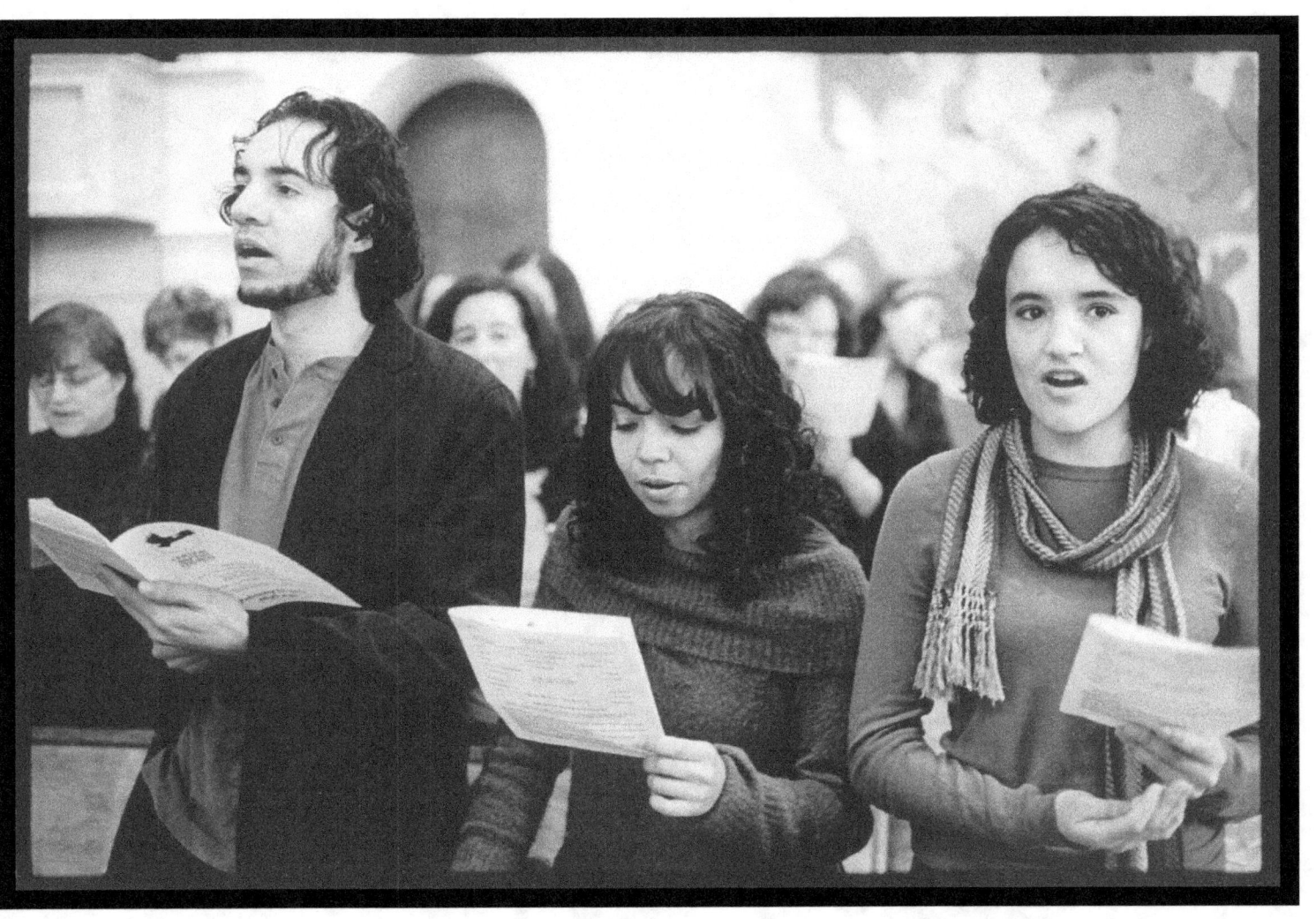

NSM supporters at the Philadelphia Praise Center, showcasing some of the member organizations. (2014)

• • •

Simpatizantes de NSM en el Philadelphia Praise Center [Centro Alabanza de Filadelfia], presentando a algunas de sus organizaciones miembro. (2014)

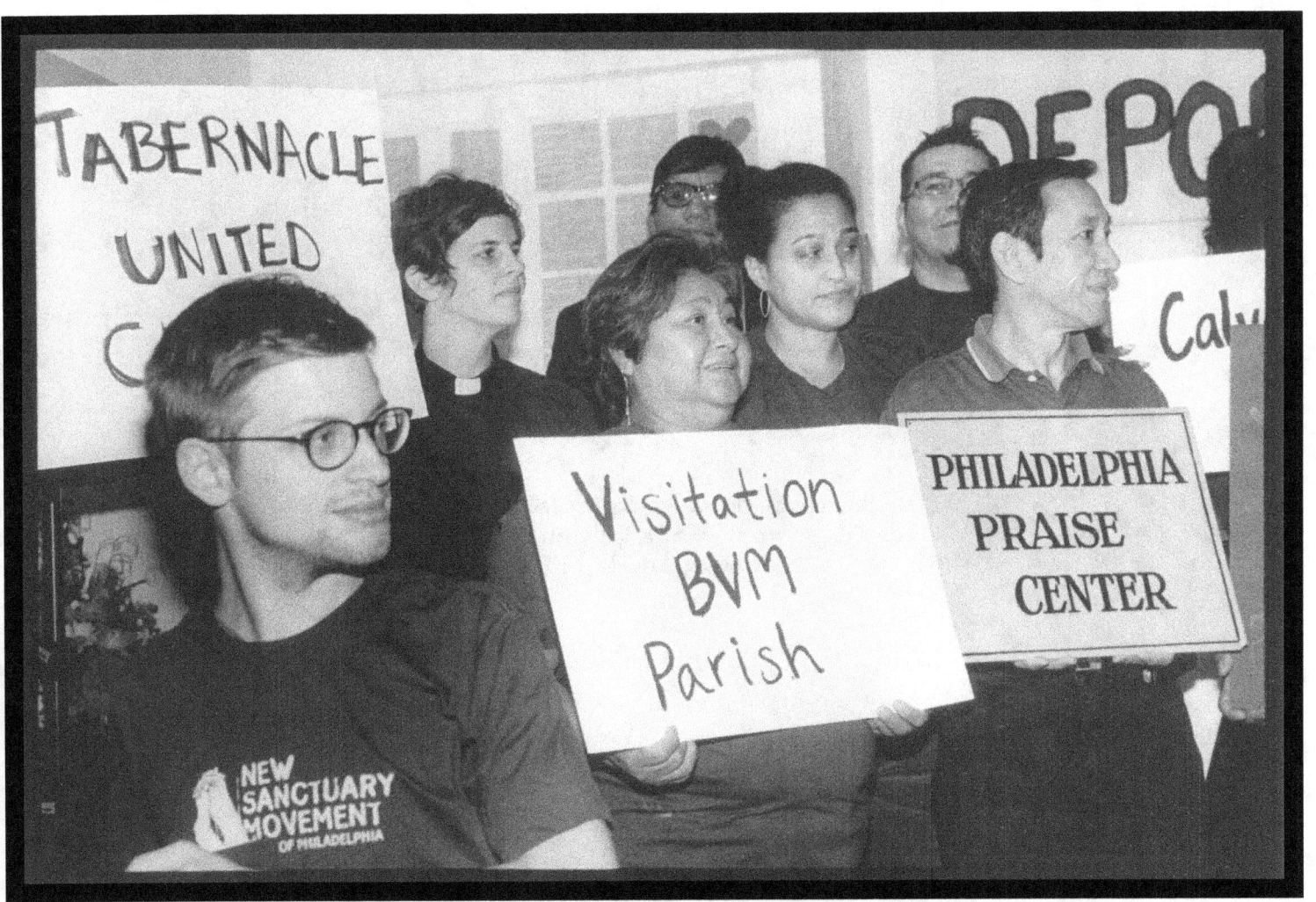

Sisters of St. Joseph, an NSM member order, turned out to support Angela. (2014)

• • •

Las hermanas de la Iglesia de San José, una orden miembro de NSM, salieron para mostrar su apoyo a Ángela. (2014)

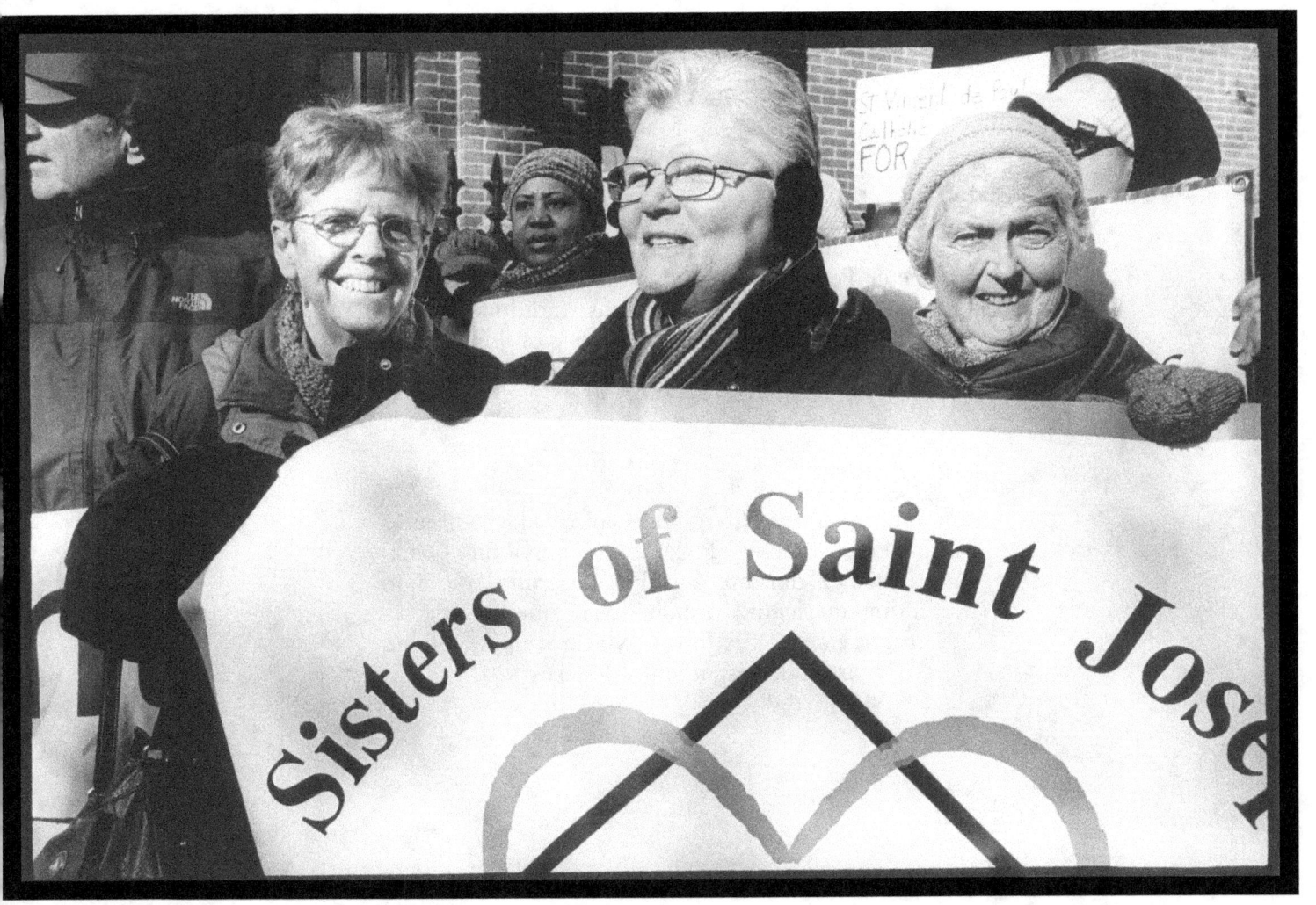

Jorge Salazar, Carolina Cargo, NSM co-director Peter Pedemonti and Xilma Ortiz-Gonzalez at Las Posadas, a pre-Christmas tradition in Latin America that re-enacts the story of Joseph and Mary seeking hospitality before the birth of Jesus. (2011)

• • •

Jorge Salazar, Carolina Cargo, el co-director de NSM Peter Pedemonti y Xilma Ortiz-González durante Las Posadas, una tradición latinoamericana prenavideña que recrea la historia de cómo José y María pedían refugio antes del nacimiento de Jesús. (2011)

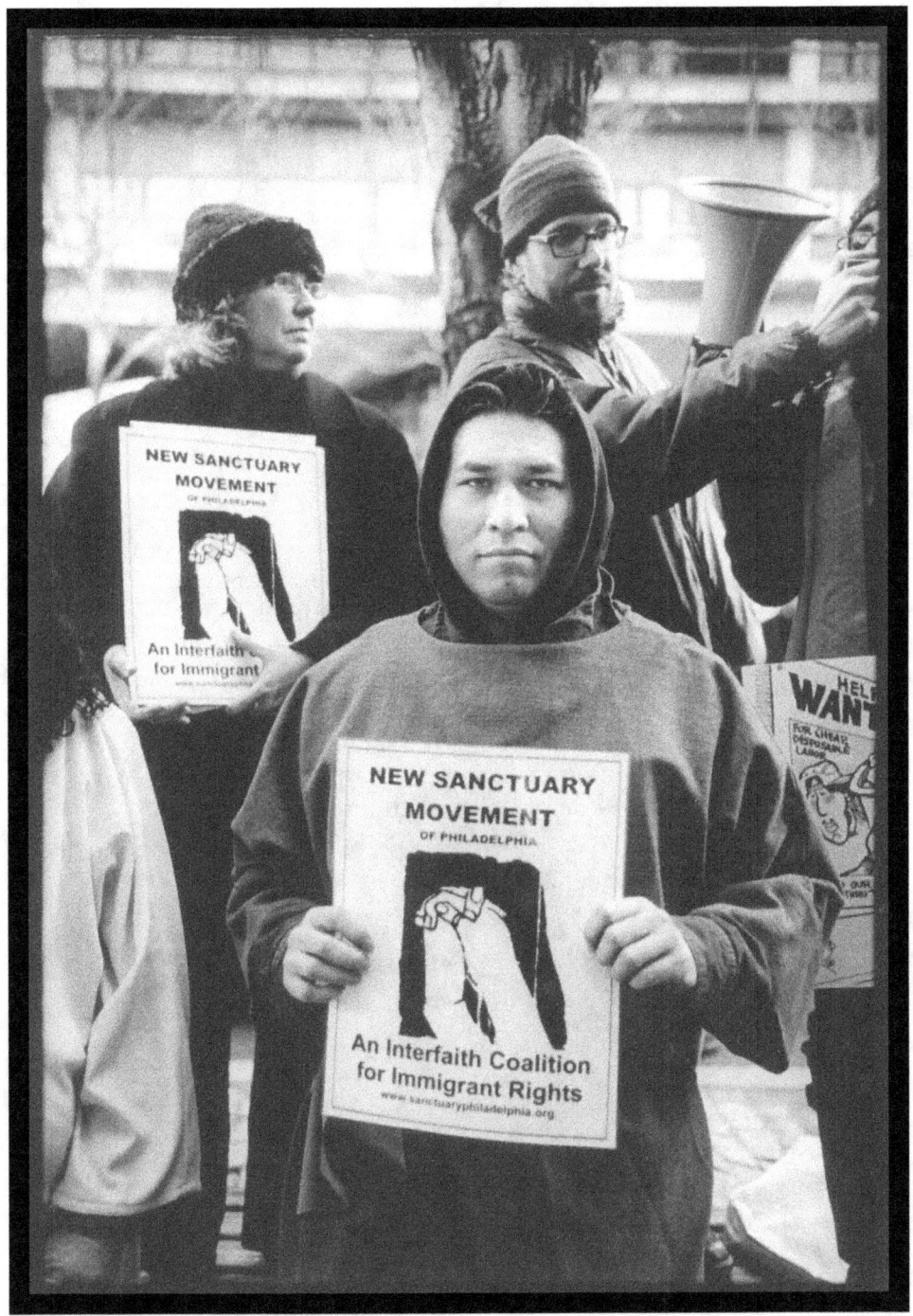

NSM members in a sanctuary support march on
Independence Mall in Philadelphia.

• • •

Miembros de NSM en el Independence Mall de
Filadelfia, en una marcha de apoyo a las familias
que viven en santuario.

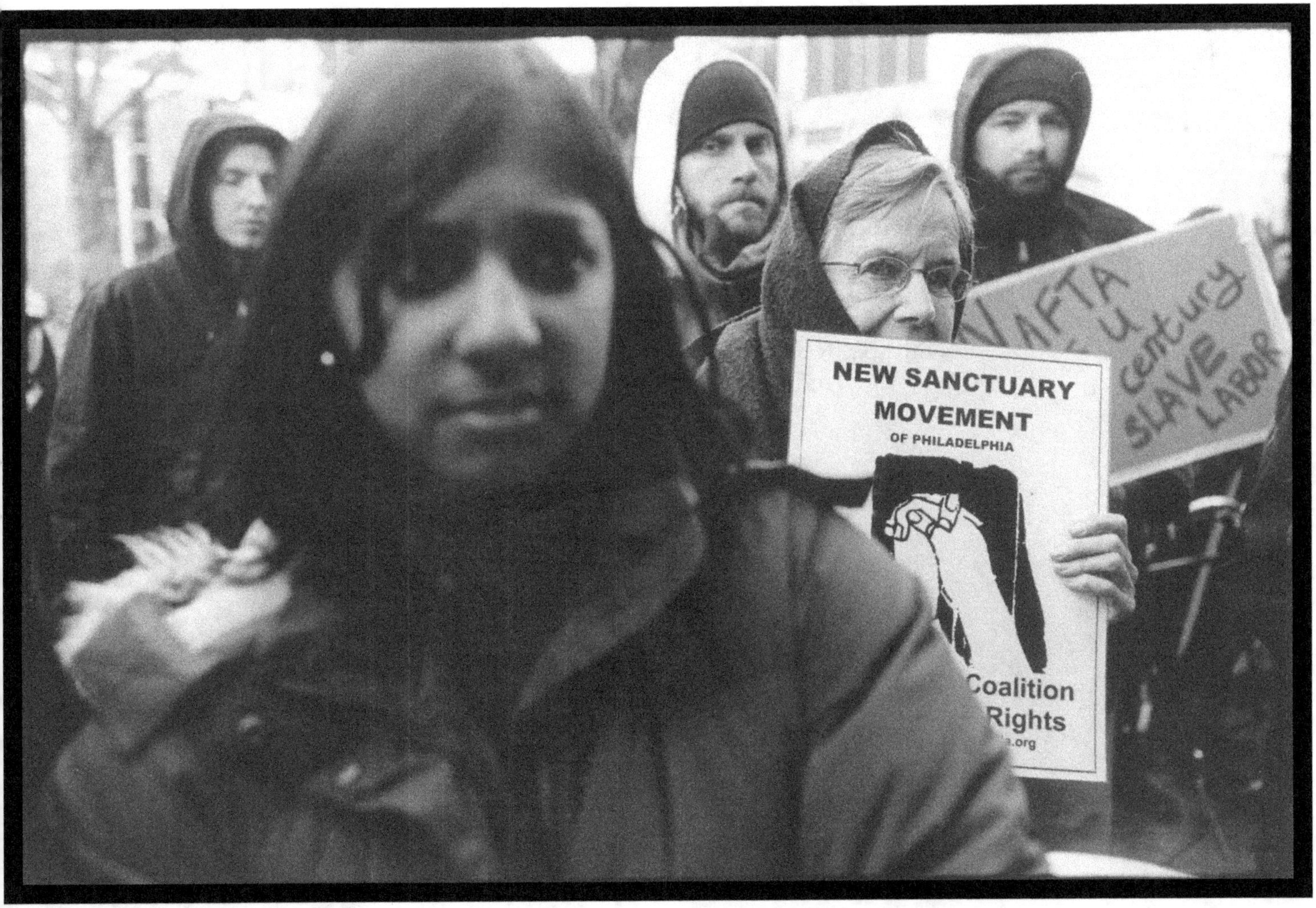
NEW SANCTUARY
MOVEMENT
OF PHILADELPHIA
Coalition
Rights
century
SLAVE
LABOR

NSM members at a support dinner at First
United Methodist Church of Germantown.
Pastor Bob Coombe led the gathering in prayer,
accompanied (left to right) by sanctuary residents
Suyapa Reyes, 37, and two of her children,
Kerin, 21, and Junior, 9 months.

• • •

Miembros de NSM en una cena de solidaridad
en la iglesia First United Methodist Church of
Germantown. El pastor Bob Coombe abrió el
encuentro con una oración, acompañado por las
personas acogidas en santuario (de izquierda a
derecha): Suyapa Reyes, de 37 años, y dos de sus
hijos; Kerin, de 21 años, y Junior de 9 meses.

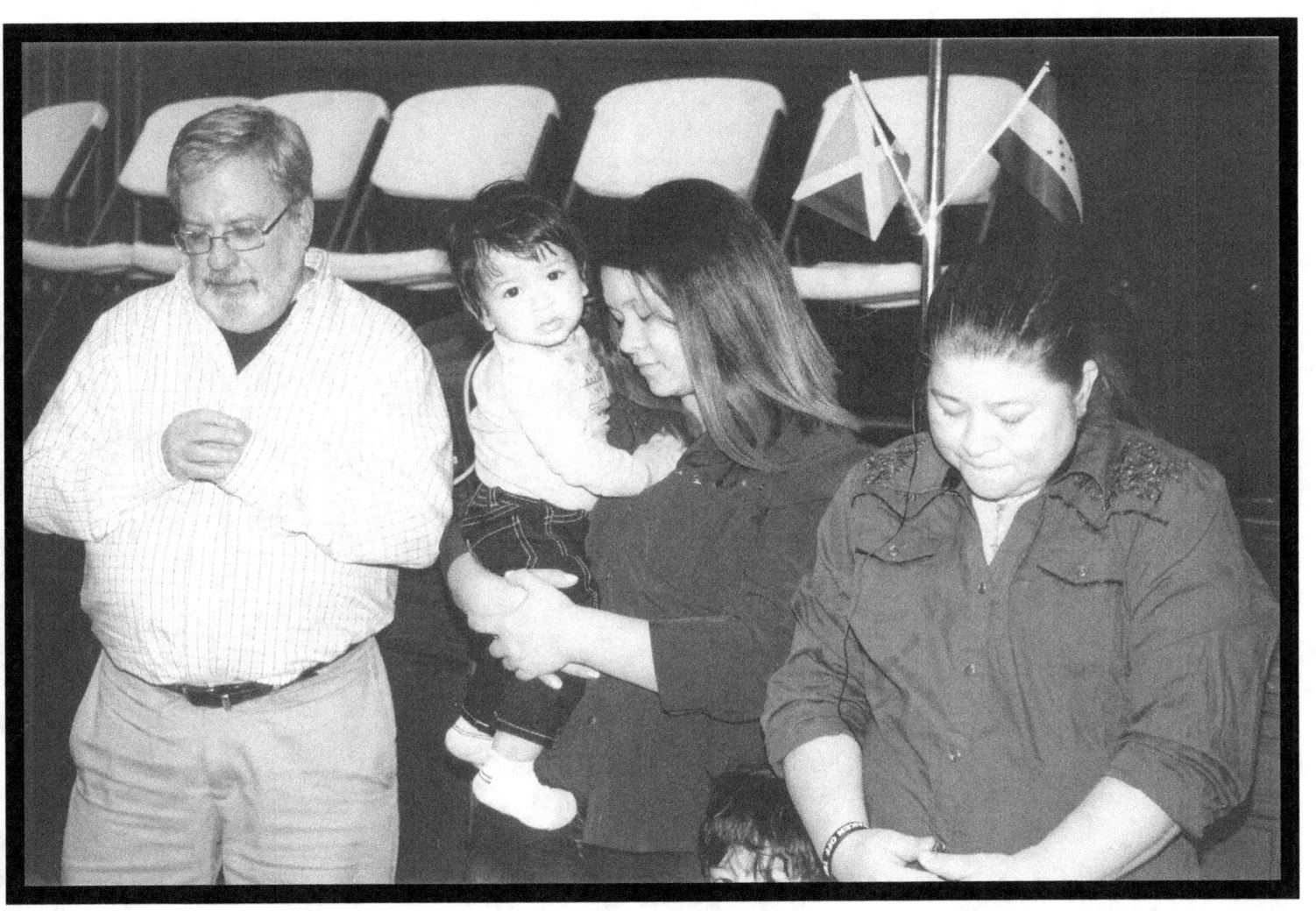

NSM co-director Blanca Pacheco speaks at a
rally at Philadelphia City Hall. (2013)

• • •

Blanca Pacheco, co-directora de NSM, hablando
en una concentración frente al ayuntamiento de
Filadelfia. (2013)

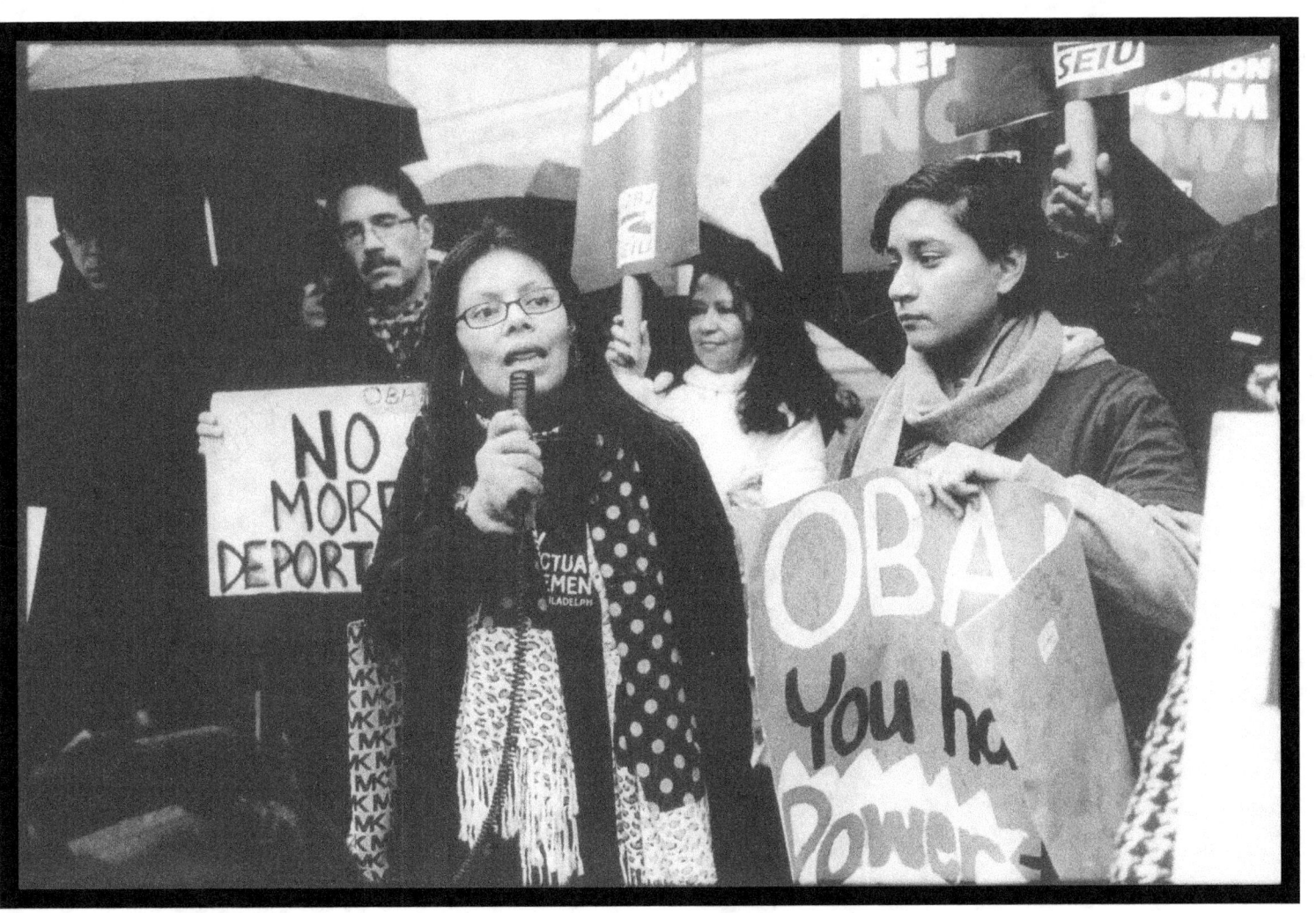

Gerardo Flores, an NSM leader, participates in the "Un-BBQ Action" on Independence Mall on July 4th. "Tomorrow is liberty day, but liberty for who? Our immigrant families are being deported every day," he said. "Our communities live in fear. Our kids are afraid of waking up one day and not finding their parents with them." (2013)

• • •

Gerardo Flores, líder de NSM, participando en la acción de No-Barbacoa ("un-bbq action") en Independence Mall el día 4 de Julio. "Mañana es el Día de la Libertad, pero ¿libertad para quién? Nuestras familias inmigrantes están siendo deportadas todos los días," dijo. "Nuestras comunidades viven con miedo. Nuestros hijos tienen miedo de despertar un día y no encontrar a sus padres." (2013)

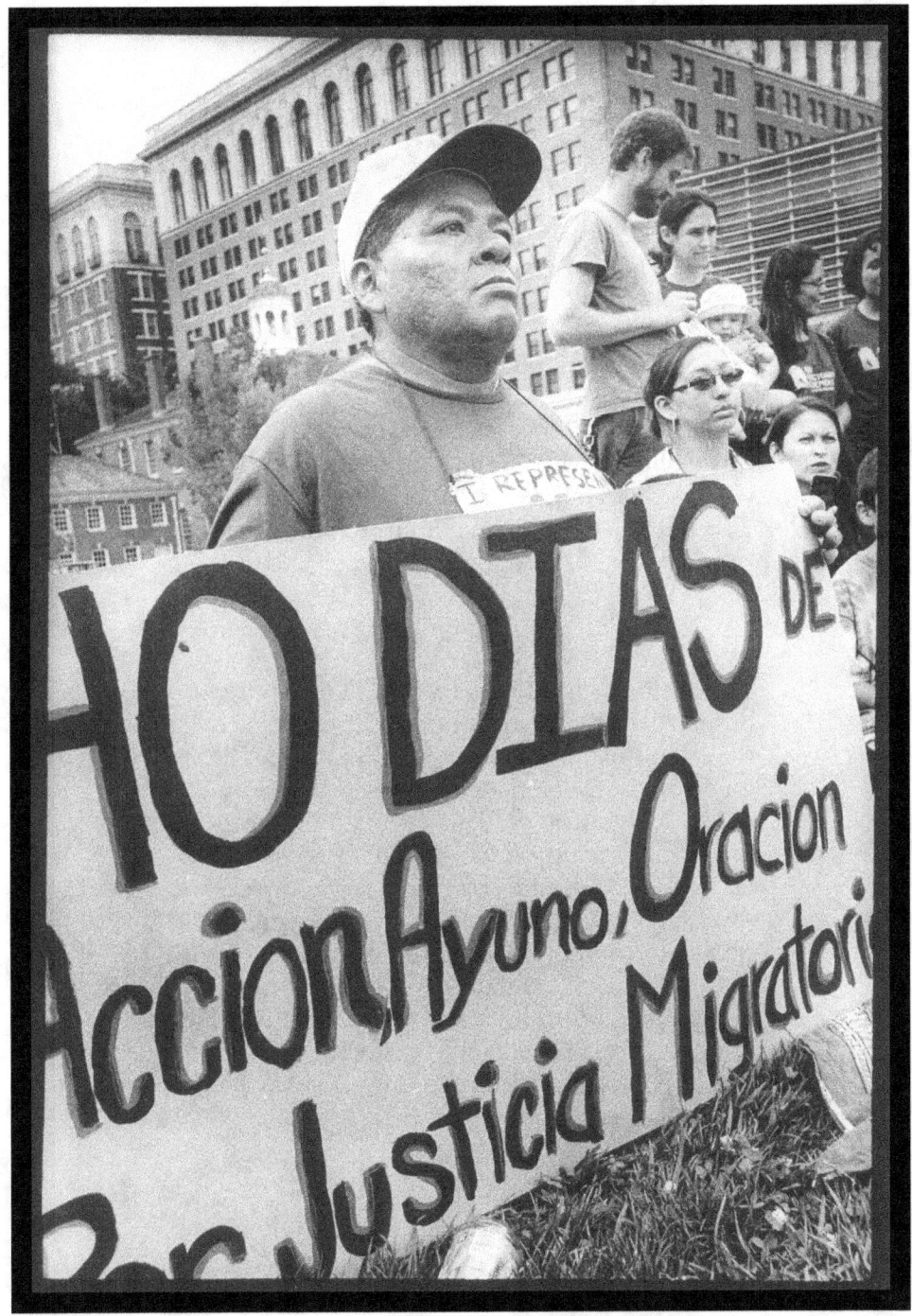

Donald Trump's campaign for president shifted the political conversation far to the right. In the fall of 2016, an anti-Sanctuary City bill was gaining momentum in the Pennsylvania Legislature and was expected to pass. NSM was part of a coalition across the state to fight it, pushing back with a Sukkot and All Night Prayer vigil at City Hall, led by Rabbi Linda Holtzman. The bill failed in the final hours of the legislative session, a hard fought victory! (2016)

• • •

La campaña presidencial de Donald Trump desplazó el discurso político nacional hacia la derecha. En el otoño de 2016, un proyecto de ley en contra de las ciudades santuario ganó impulso en la legislatura de Pensilvania, y se preveía que iba a ser aprobado. NSM formó parte de la coalición estatal que luchó contra dicho proyecto de ley, resistiendo con una ceremonia de Sukkot y una noche de vigilia y oración frente al ayuntamiento, contando con la presencia de la rabina Linda Holtzman. El proyecto de ley fue desechado en las últimas horas de la sesión legislativa, ¡una victoria conseguida tras luchar con uñas y dientes! (2016)

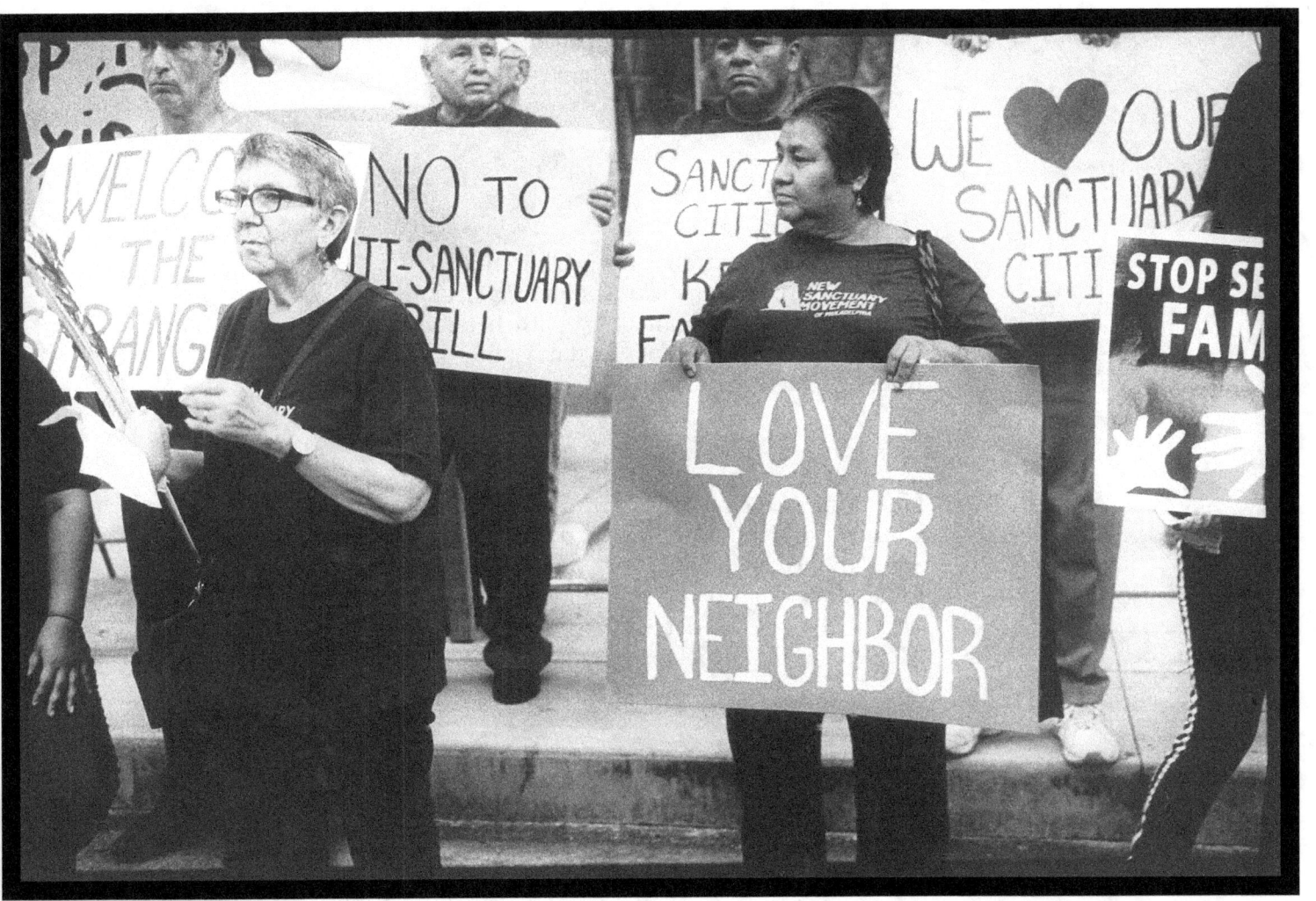

Rally at the entrance of Church of the Advocate, where Carmela Apolonio Hernández (rear center) was in sanctuary with her family. Councilwoman Helen Gym (far right), Pastor Renee McKenzie (bottom left) and others. (2017)

• • •

Una concentración en la entrada de la iglesia Church of the Advocate, donde Carmela Apolonio Hernández (atrás y al centro) vivió tomando santuario con su familia. La concejala Helen Gym (a la derecha), la pastora Renee McKenzie (abajo y a la izquierda) y otras. (2017)

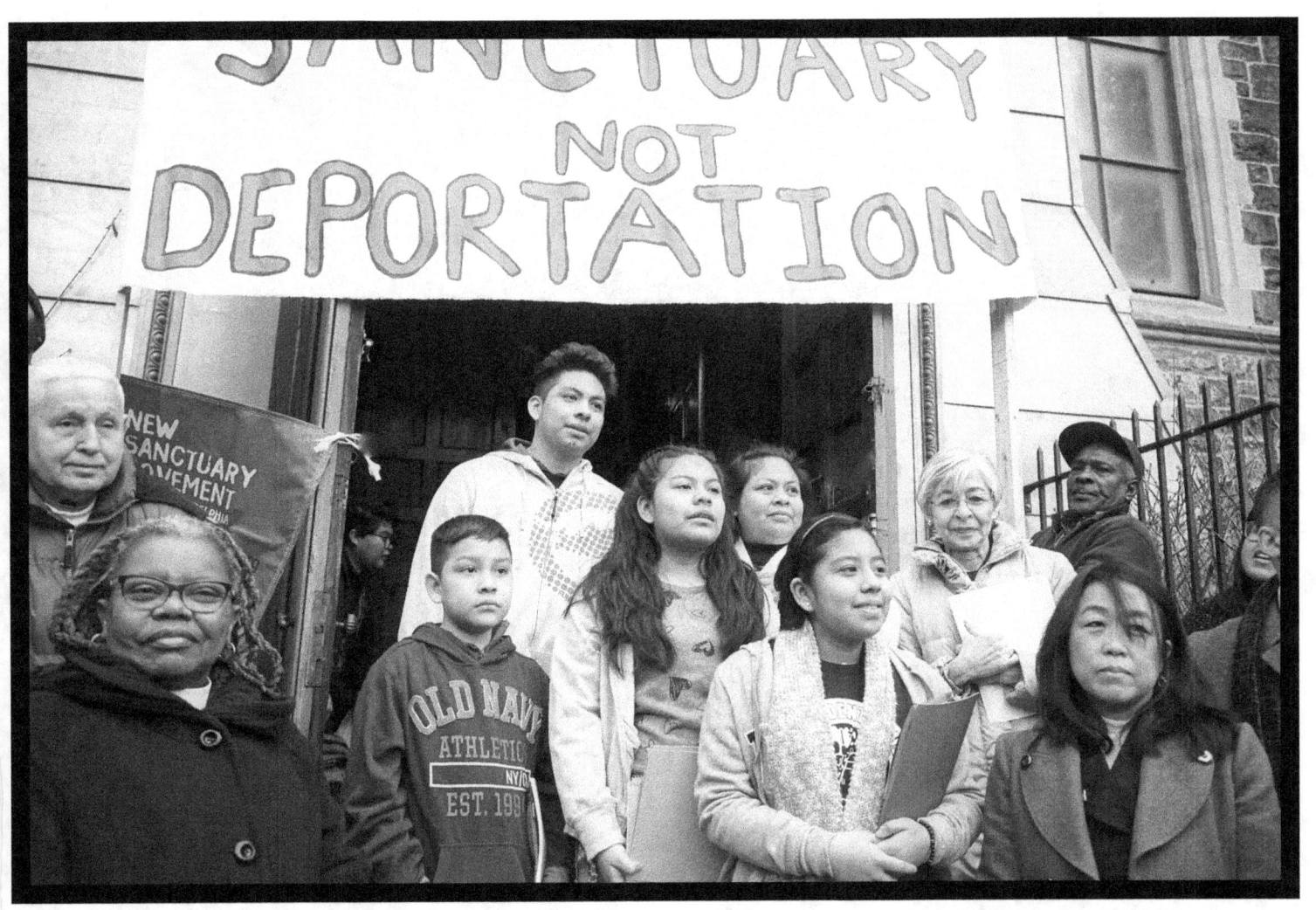

Carmela Apolonio Hernández in sanctuary at
Church of the Advocate. (2017)

• • •

Carmela Apolonio Hernández viviendo en
santuario en la iglesia Church of the Advocate.
(2017)

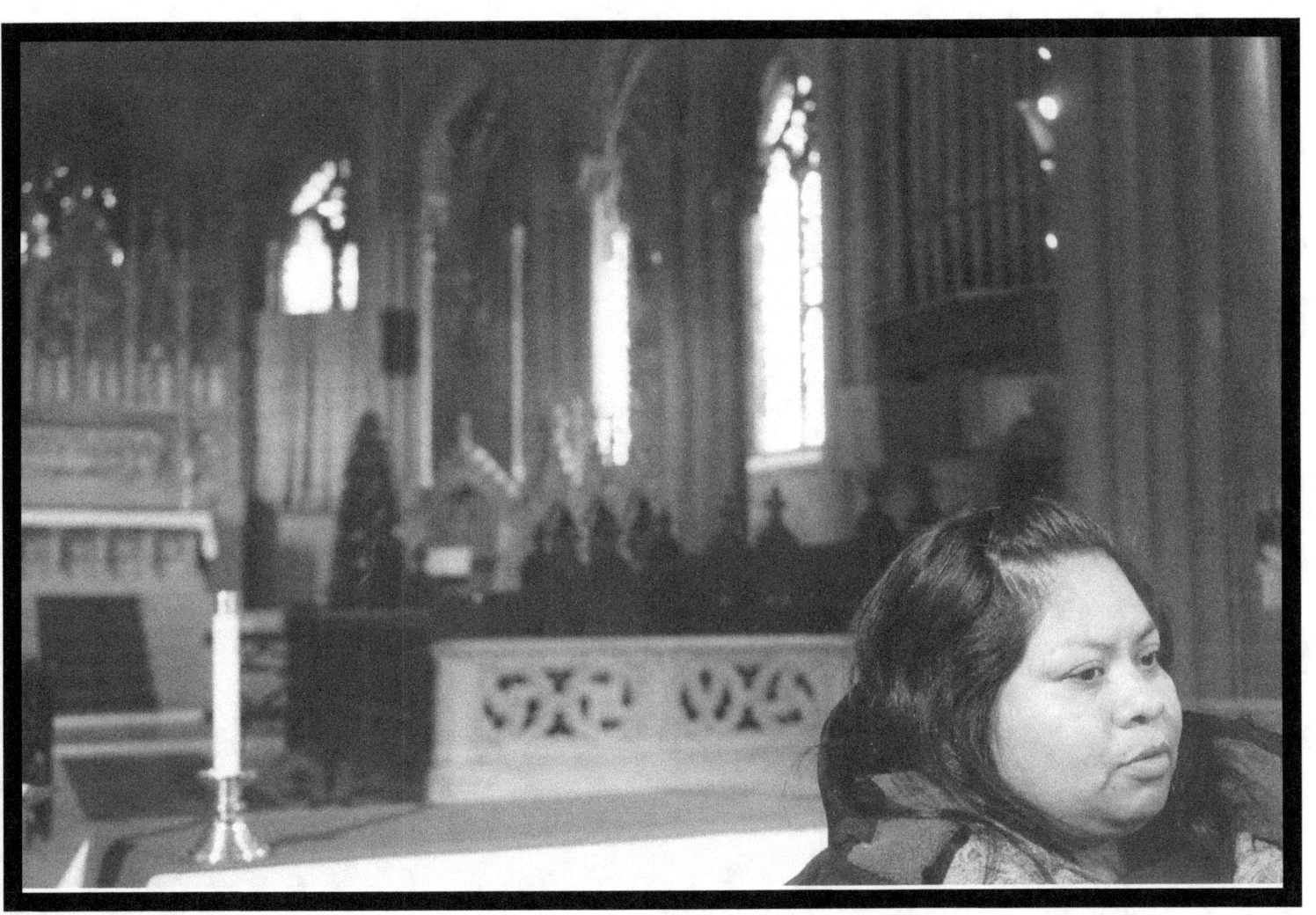

Carmela's oldest daughter, Keyri, stands near the door of the Church of the Advocate, where she and her family took sanctuary. (2017)

• • •

Keyri, la hija mayor de Carmela, posa frente a la puerta de la iglesia Church of the Advocate, donde ella y su familia tomaron santuario. (2017)

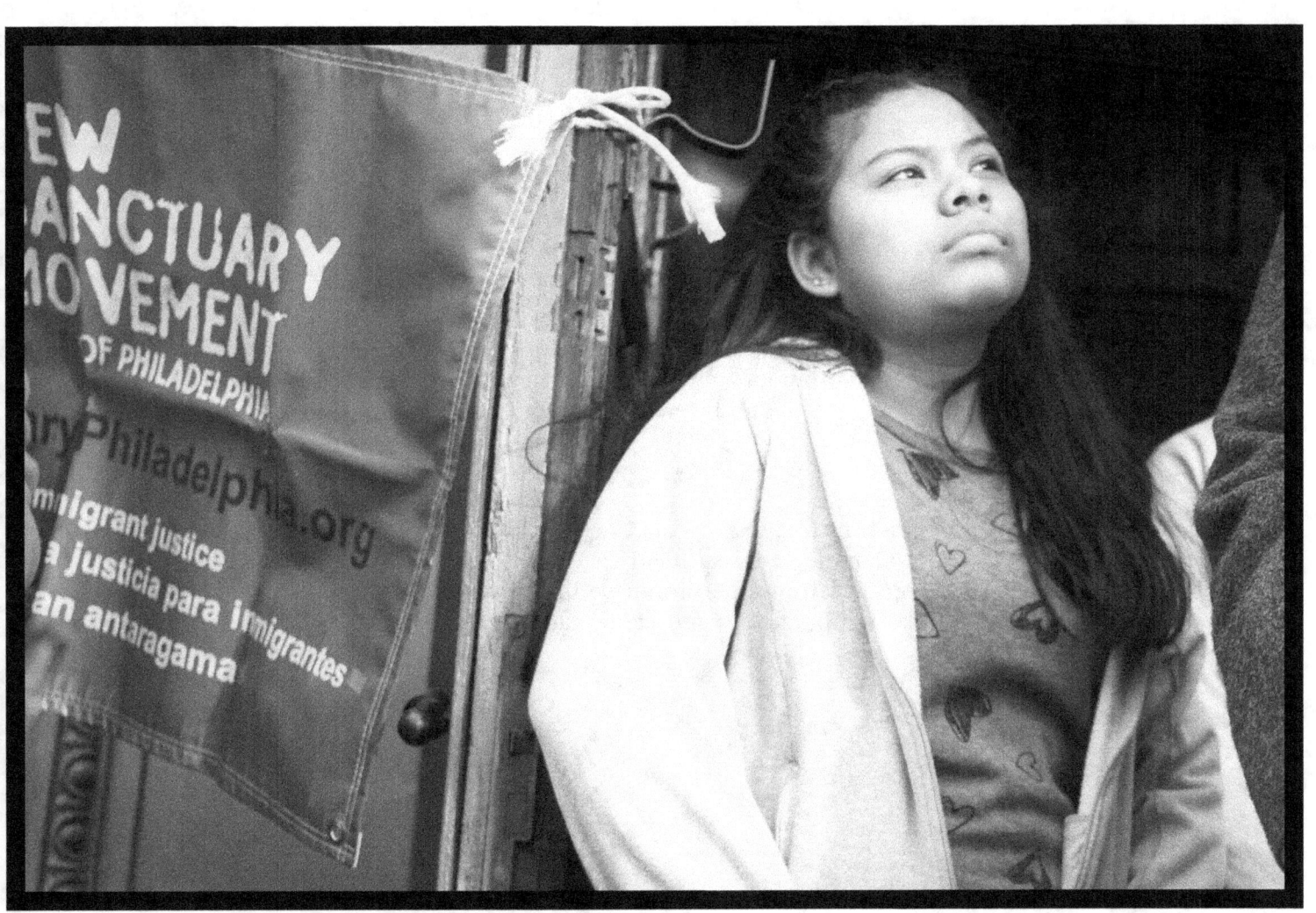

Fidel, Carmela's oldest son, stands in front
of the altar at Church of the Advocate with
a sign promoting a Twitter campaign to free
her from sanctuary.

• • •

Fidel, el hijo mayor de Carmela, posa frente
al altar de la iglesia Church of the Advocate,
con un letrero que promueve una campaña en
Twitter para conseguir la libertad de su madre.

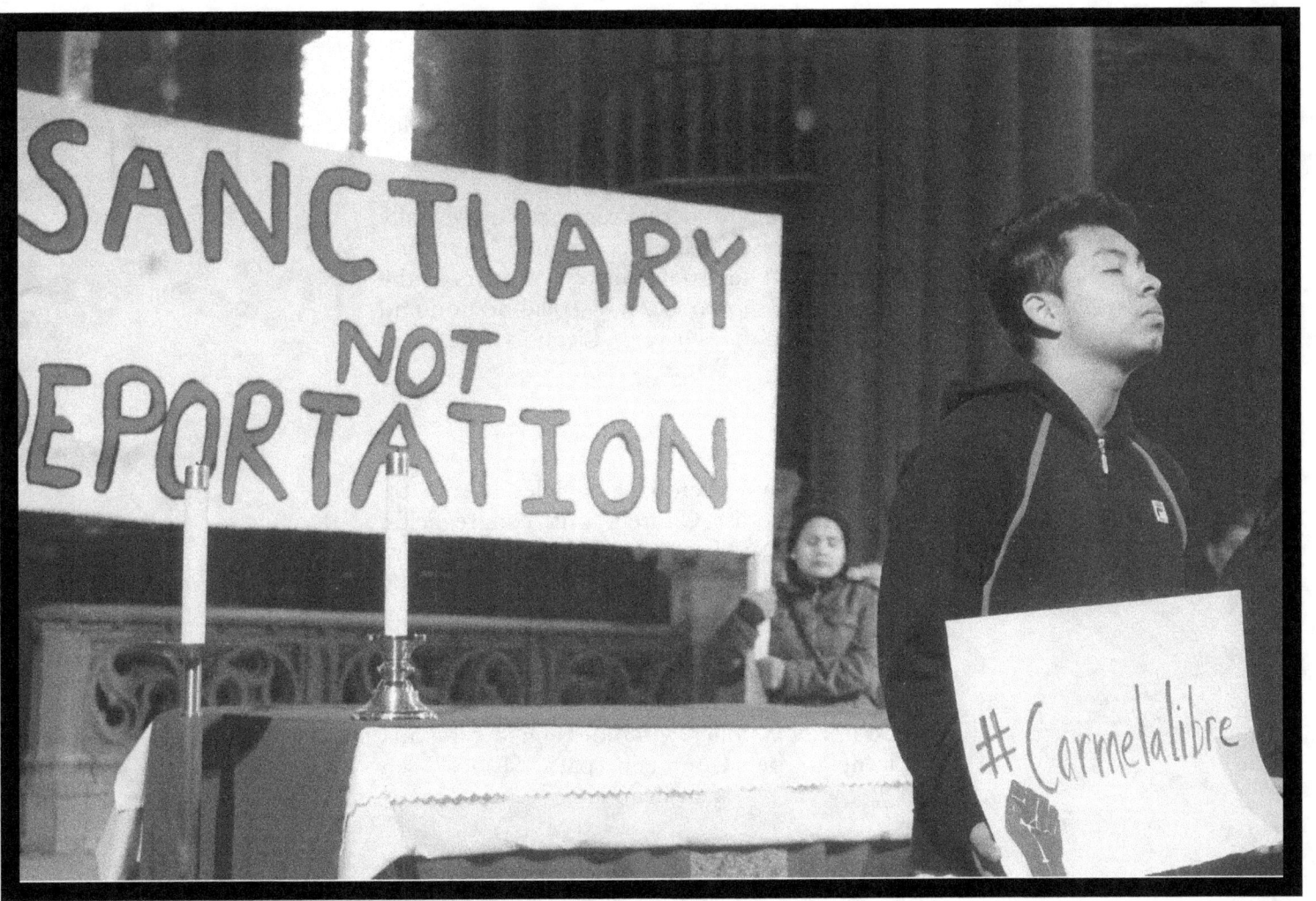

Jon Rios at an event at Arch St. United Methodist Church, an NSM member congregation. Jon is the son of Alejandra and Francisco, who, using NSM's Accompaniment Program, successfully fought Francisco's unjust criminal case and deportation. They went on to be leaders in the campaign to stop Police/ICE collaboration and the campaign for Driver's Licenses for All in Pennsylvania.

• • •

Jon Ríos en un evento en la iglesia Arch St. United Methodist Church, una congregación miembro de NSM. Jon es el hijo de Alejandra y Francisco quienes, a través del programa de acompañamiento de NSM, lucharon y ganaron el injusto caso criminal y orden de deportación que existía contra Francisco. Siguieron como líderes en la campaña para cesar la colaboración entre ICE y la policía y también en la campaña "Licencias de Conducir para Todos" en Pensilvania.

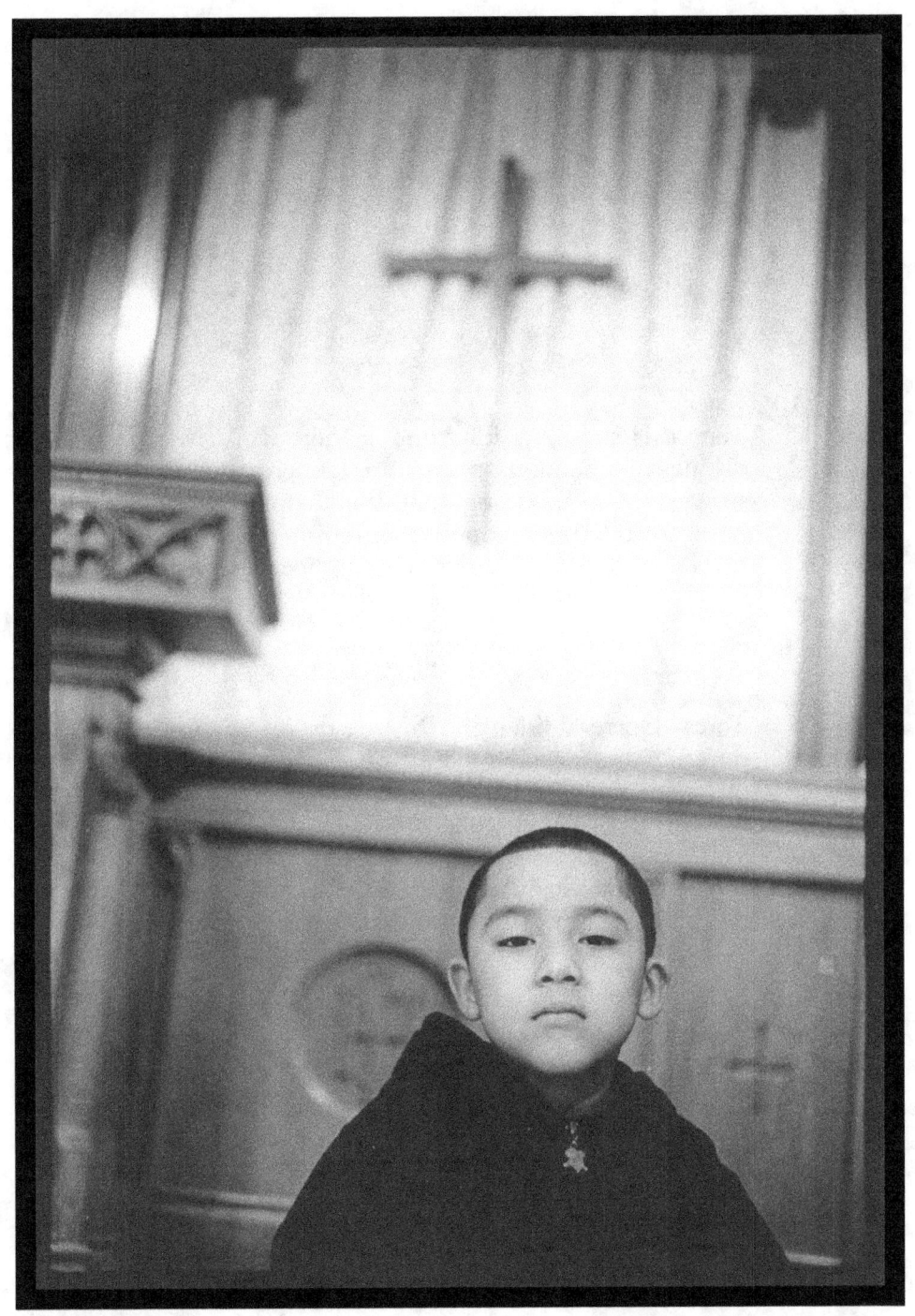

Teresa Herrera, a longtime leader at NSM, during the opening prayer to launch a new strategy of demanding that Philadelphia stop honoring ICE hold requests. This strategy proved successful in 2014 when city police stopped honoring the holds.

• • •

Teresa Herrera, líder de NSM desde sus inicios, durante una oración en la que se adoptó la estrategia de exigir a la ciudad de Filadelfia que no permitiese a la policía retener a personas indocumentadas en caso de que ICE lo solicitase. La estrategia vio sus frutos en 2014, cuando la policía local dejó de respetar dichas peticiones de retención.

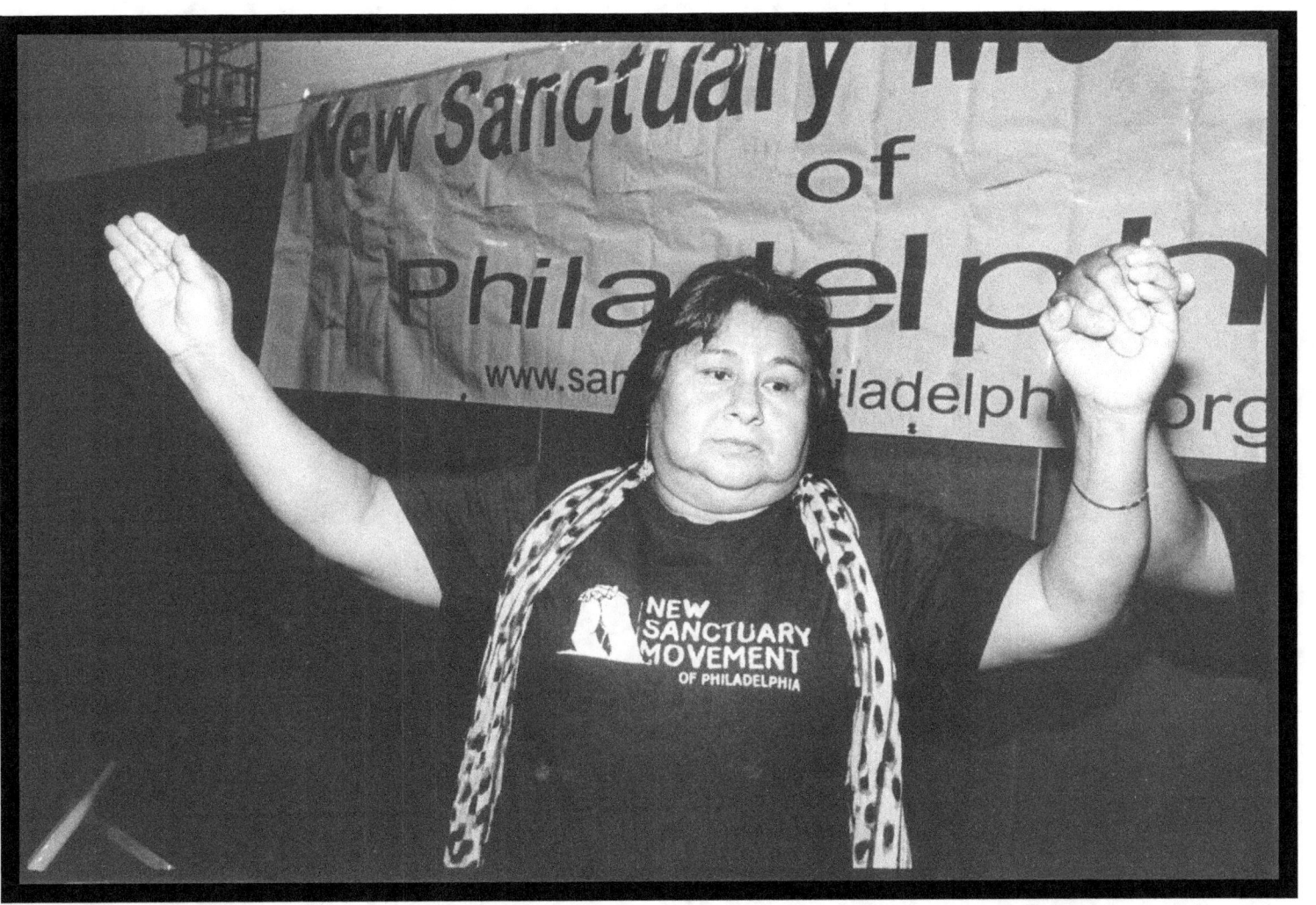

NSM member, Hiro Nishikawa, whose Japanese-American family was forced to live in an internment camp during World War II.

• • •

Hiro Nishikawa, miembro de NSM y cuya familia japonesa-americana fue obligada a vivir en un campo de internamiento durante la Segunda Guerra Mundial.

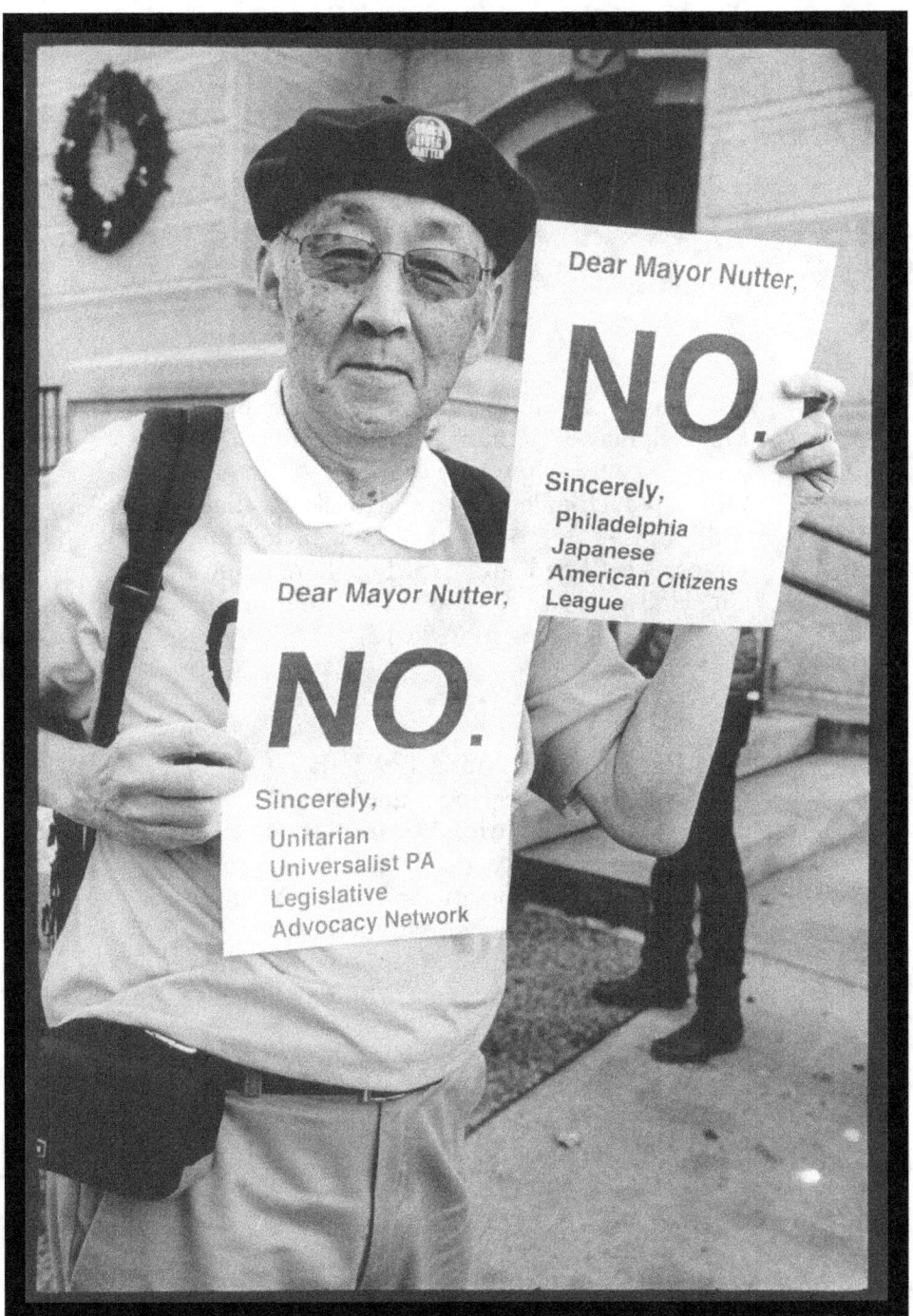

As Mayor Nutter contemplated weakening Philadelphia's sanctuary city protections, NSM pushed back with "The People's Executive Order," which called for an end to all data sharing with ICE. Members of 1Love Movement, Juntos, Viet Lead and NSM gathered outside City Hall and gave the mayor a 48-hour deadline to sign it. (2015)

• • •

Mientras el alcalde Nutter barajó la posibilidad de debilitar las protecciones que ofrece Filadelfia como ciudad santuario, NSM contraatacó con "La Orden Ejecutiva del Pueblo," llamando a cesar la entrega de información a ICE. Miembros de 1Love Movement, Juntos, Viet Lead y NSM se congregaron frente al ayuntamiento y dieron 48 horas al alcalde para firmarla. (2015)

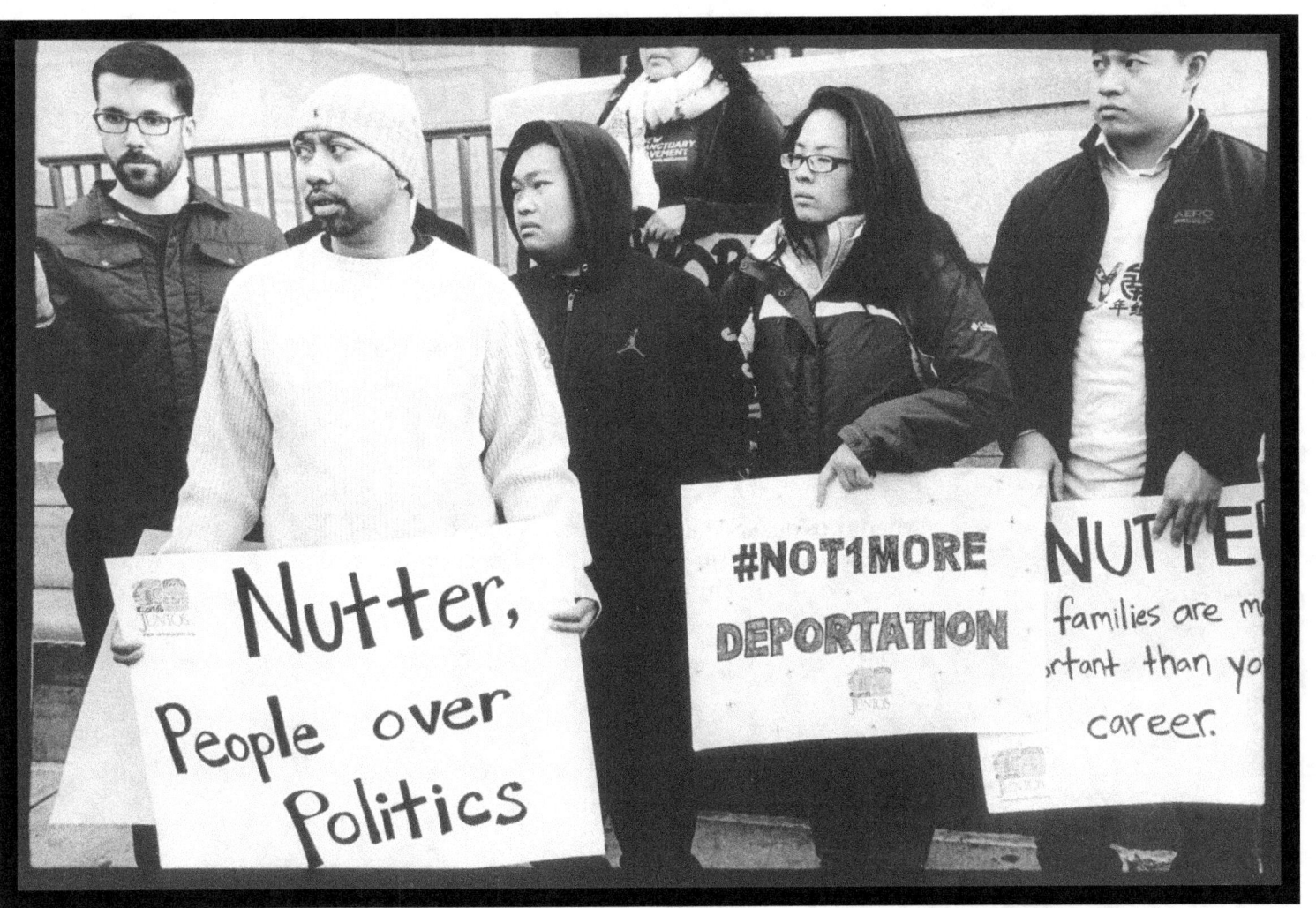

NSM members accompany Pedro Romero (surrounded, not visible) to his immigration court hearing.

• • •

Miembros de NSM acompañan a Pedro Romero (rodeado y no visible) a su cita del tribunal de inmigración.

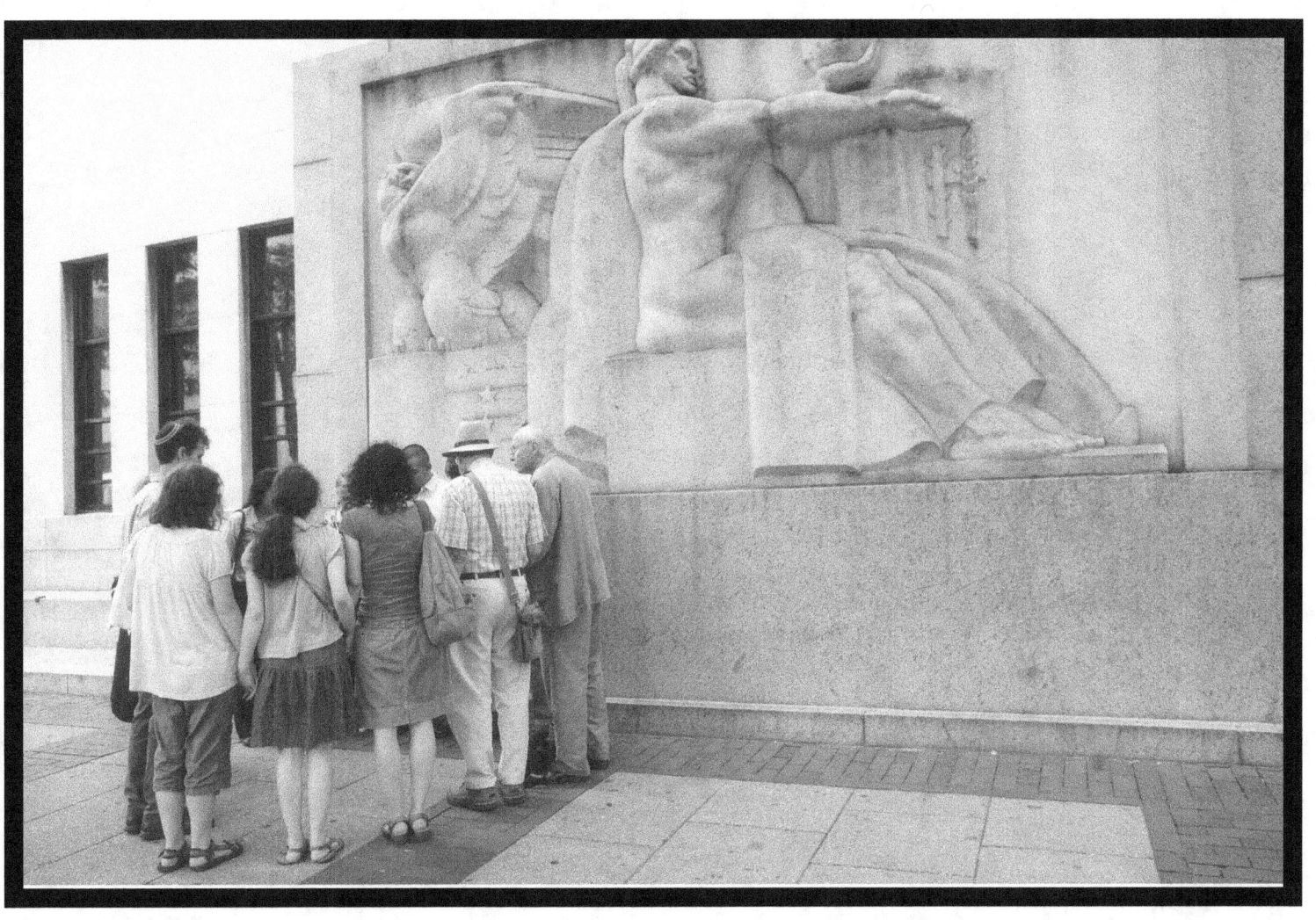

In January 2016, President Obama began targeted raids on Central Americans. NSM organized resistance through "Know Your Rights" workshops, City Council testimony and demonstrations outside the ICE-Philadelphia field office. (2016)

• • •

En enero de 2016, el presidente Obama lanzó una serie de redadas que ponían a las centroamericanas en el punto de mira. NSM organizó la resistencia con talleres de "Conozca Sus Derechos", testimonios frente al Consejo de la Ciudad y concentraciones a las afueras de la oficina de ICE en Filadelfia. (2016)

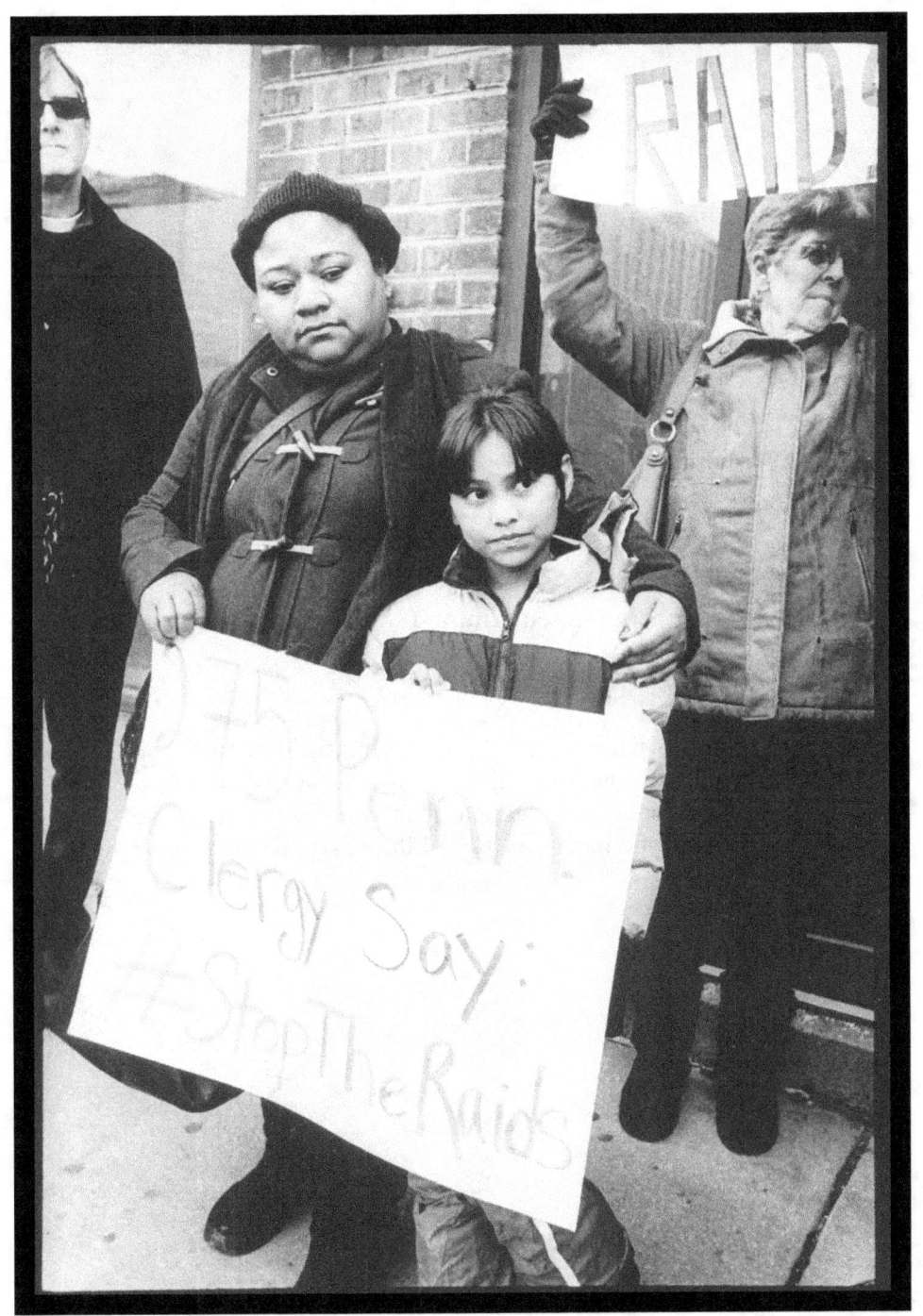

Antonio Montanez (right) a member of Visitation BVM Church at the ICE-Philadelphia field office action to end immigration raids. (2016)

• • •

Antonio Montañez (a la derecha), miembro de la iglesia Visitation BVM, en una acción para acabar con las redadas que tiene lugar frente a las oficinas de ICE en Filadelfia. (2016)

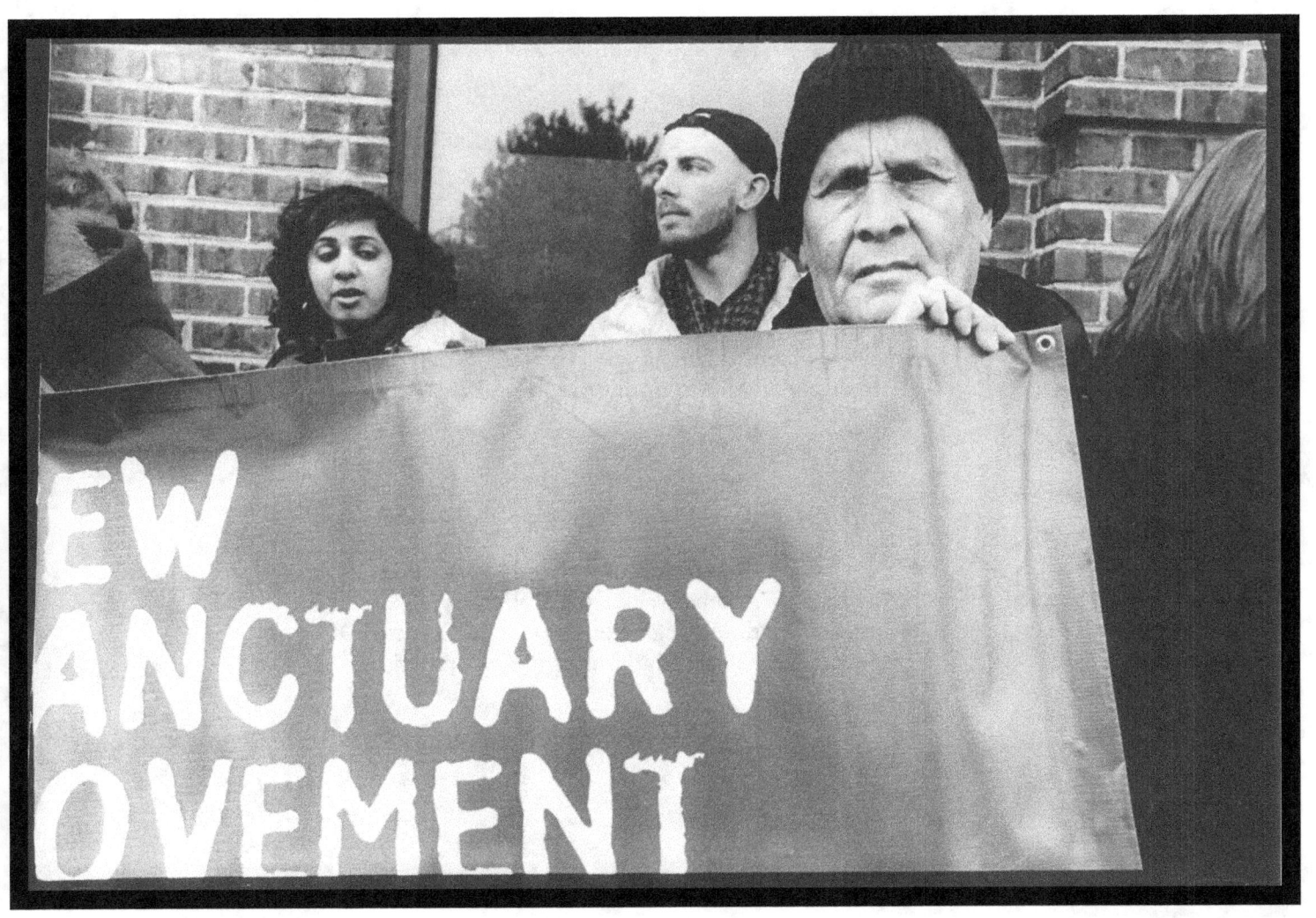

EW
ANCTUARY
OVEMENT

(left to right) Pastor Aldo Siahaan, Rabbi Shawn Zevit, Pastor Amy McGloughlin, Msgr. Hugh Shields, Pastor Katie Aikens, and Pastor Robin Hynicka at an action to deliver letters to ICE demanding an end to immigration raids. (2016)

• • •

(De izquierda a derecha) El pastor Aldo Siahaan, el rabino Shawn Zevit, la pastora May McGloughlin, monseñor Hugh Shields, la pastora Katie Aikens y el pastor Robin Hynicka en un acción de entrega de cartas a ICE para exigir que cesen las redadas migratorias. (2016)

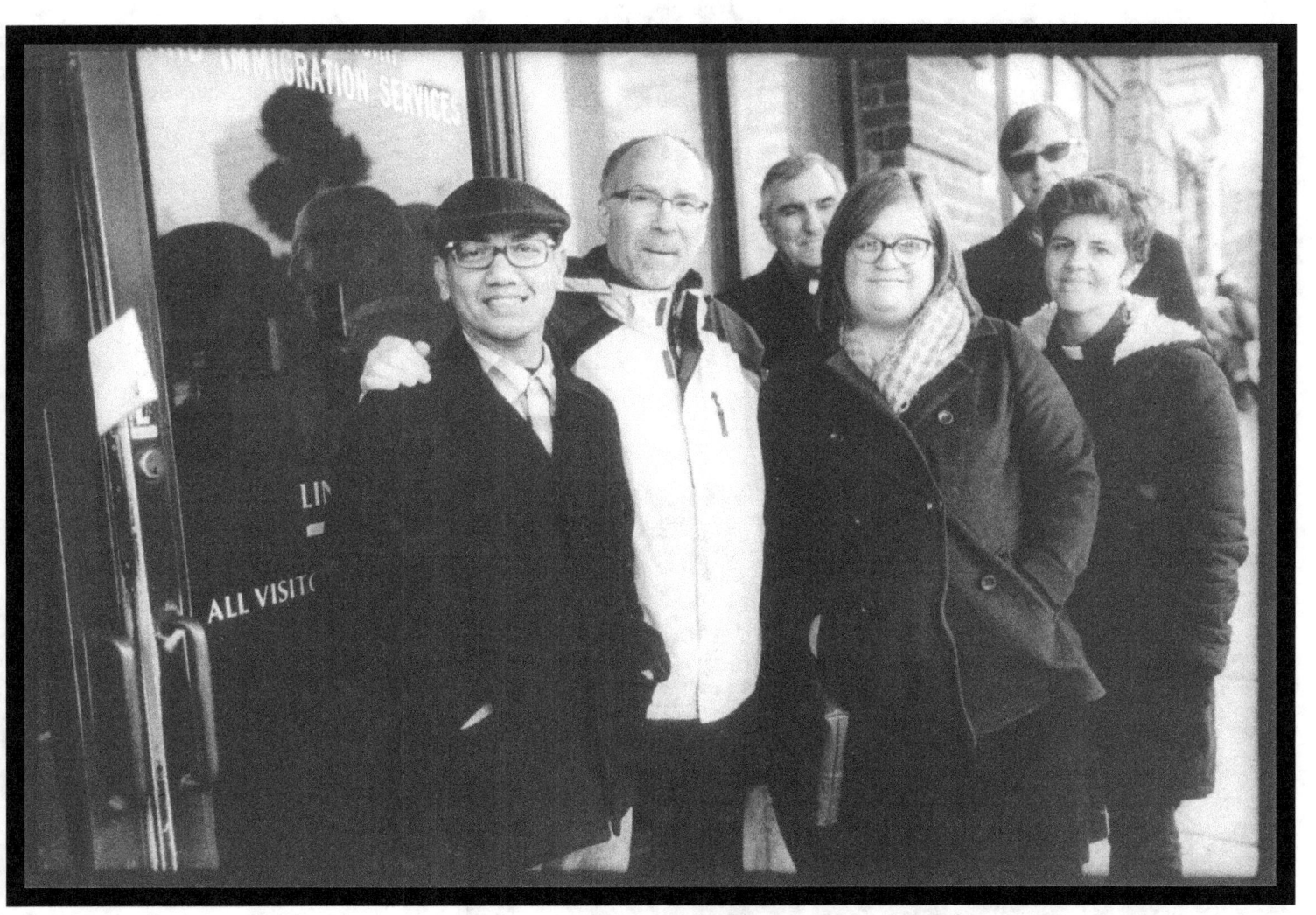

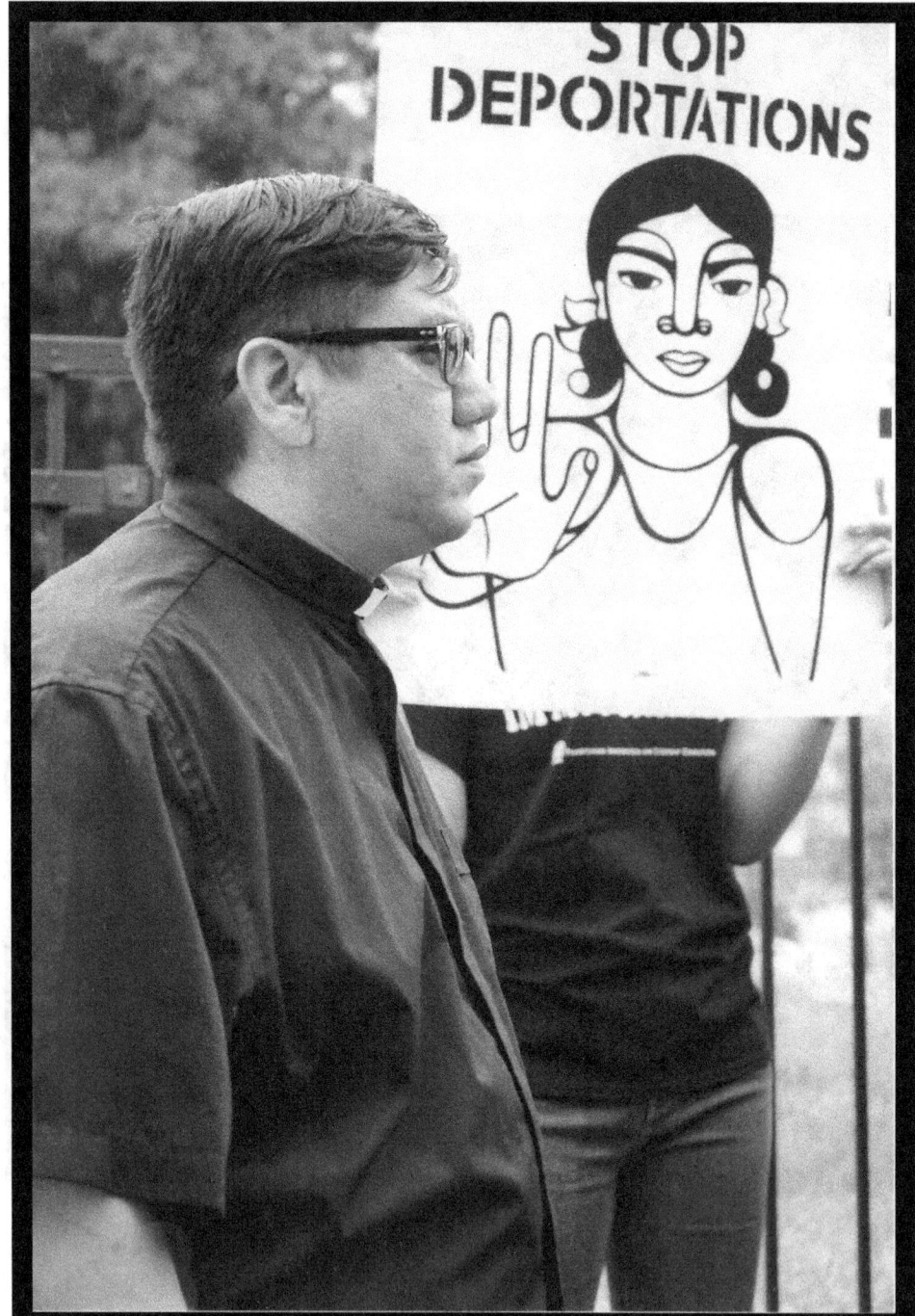

Rev. Adan Mairena, pastor of West Kensington Ministry.

AFTERWORD

by Rev. Adan Mairena

"Adan, will the West Kensington Ministry provide sanctuary for Angela, a native of Honduras, with a decade-old deportation order?" New Sanctuary Movement of Philadelphia leaders asked in the fall of 2015.

The question haunted me. I am a pastor, an activist, an immigrant born in Honduras. My father, a critic of the Honduran regime, fled to the United States in the late 1960s after a death threat. How could I say no?

I was reminded of Rev. John Fife, another Presbyterian minister, who defied authorities by providing sanctuary for Central Americans in the 1980s at Southside Presbyterian Church in Tucson, Arizona.

My thoughts raced: We are the same denomination. I'm not reinventing the wheel. Our people of faith have been providing sanctuary since Biblical times. The Underground Railroad helped enslaved Africans escape to freedom. Some Europeans provided Jews sanctuary as the Nazis hunted them down during World War II.

"Adán, ¿concederá la iglesia de West Kensington Ministry santuario para Ángela, originaria de Honduras y con una orden de deportación desde hace 10 años?" me preguntaron las líderes del Nuevo Movimiento Santuario en el otoño de 2015.

La pregunta no me dejaba descansar. Soy un pastor, un activista, un migrante nacido en Honduras. Mi padre, crítico del régimen de Honduras, huyó hacia Estados Unidos a finales de los años 60 tras haber recibido una amenaza de muerte. ¿Cómo podría contestar que no?

Me recordó al reverendo John Fife, otro pastor presbiteriano que en los años 80 desafió las autoridades en Tuscon, Arizona y ofreció santuario a inmigrantes centroamericanas en la iglesia Southside Presbyterian Church.

Los pensamientos se agolpaban en mi cabeza: somos de la misma corriente religiosa. No estoy reinventando la rueda. Nuestros pueblos de fe han estado dando santuario desde los tiempos de la Biblia. El ferrocarril clandestino ayudó a las esclavas africanas a alcanzar su libertad. Algunas europeas dieron santuario a las

I thought of my father and his ministry in El Paso and was struck by the parallels: Angela and her husband, Ermer, are like my mom and dad. Her kids are like my sisters and me, just generations removed. They are them, and they are us.

In 1521, the Holy Roman Empire asked Martin Luther to abandon his teachings against a morally corrupt church system. His response: "I cannot and will not recant anything, for to go against conscience is neither right nor safe. Here I stand, I can do no other, so help me God. Amen."

I felt the weight of that history. My identity and my belief in God convicted me to not go against my conscience. I shared this conviction with the Chair of my church leadership and he asked, "Since this is illegal are you willing to lose the ministry and your job over this?"

"Well," I responded, "this guy we follow lost more than his job and was nailed to a cross over things like this."

With the support of our partner churches and our Presbytery's leadership we put faith into action to provide sanctuary to Angela and her family for nearly 60 days. A few months before, during the summer of 2015, more than 100 clergy and activists from across the country met in Washington, D.C., to demand comprehensive reform of our broken immigration system and to morally object to President Obama's immigration policy that separated families. On that summer day we people of faith, some of whom were undocumented, adhered not to a human law but a divine law, a higher law, the law of our Creator who

judías, perseguidas por los nazis durante la segunda guerra mundial.

Pensé en mi padre y en su iglesia en El Paso y me asombraron las similitudes: Ángela y su esposo Ermer son como mi madre y mi padre. Sus hijas me recuerdan a mis hermanas y a mí mismo, sólo que unas generaciones después. Son ellas y, al mismo tiempo, son nosotras.

En el año 1521 el Sagrado Imperio Romano le pidió a Martín Lutero que abandonara sus enseñanzas en contra de una estructura eclesiástica moralmente corrupta. Su respuesta fue: "No puedo ni quiero revocar nada, puesto que actuar contra de la conciencia no es ni seguro ni correcto. No puedo hacer otra cosa, ¡ésta es mi postura! Que Dios me ayude. Amén."

Sentí el peso de la historia sobre mis hombros. Mi identidad y mi fe en Dios me convencieron de no ir en contra de mi conciencia. Compartí mi convicción con el presidente del consejo de líderes de mi iglesia, y me preguntó, "eso sería ilegal, ¿estás dispuesto a perder tu trabajo en la iglesia por esto?"

"Bueno," respondí, "ese hombre al que seguimos perdió más que el trabajo y lo clavaron a una cruz por hacer cosas como ésta."

Con el apoyo de otras iglesias y el liderazgo presbiteriano, convertimos la fe en acción y le ofrecimos santuario a Ángela y a su familia durante casi 60 días. Unos meses antes, durante el verano de 2015, más de 100 religiosas y activistas de todo el país nos habíamos reunido en Washington, D.C. para exigir una reforma integral de nuestro

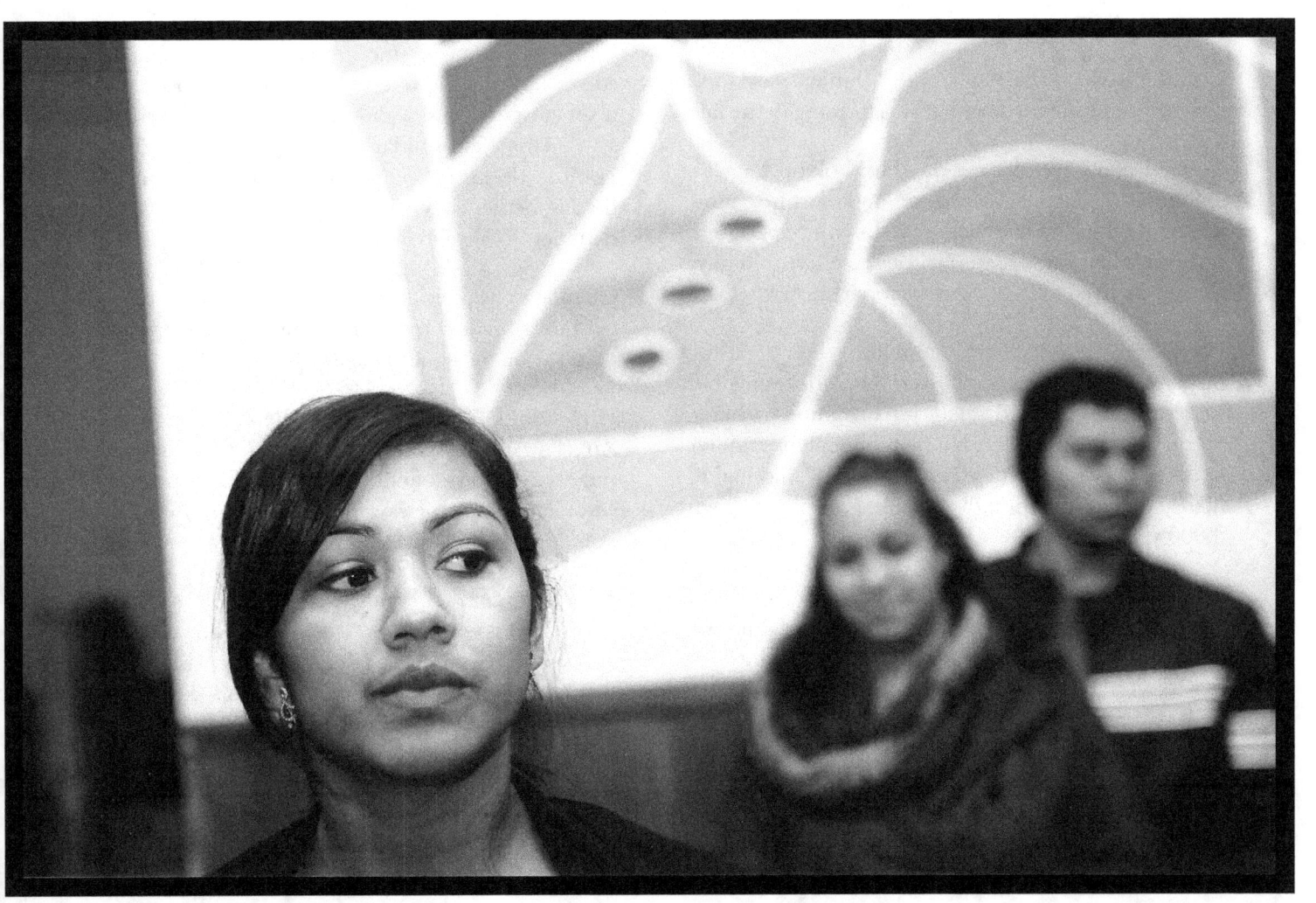

teaches us hospitality, welcoming the stranger, and standing in solidarity with the oppressed in the name of social justice. We held an act of civil disobedience in front of the White House and were arrested. And it was worth it.

Looking back on that experience I think it was God's way of preparing me for what was to come in the fall.

Today when I see pictures on Facebook of Angela's children _ Angela Mariana and Arturo, now teenagers, I am taken back to 2015 when they were much smaller. I am reminded of the almost 60 days the family lived at West Kensington Ministry.

Back then the one-room "santuario" had a hastily installed bathroom and shower. This makeshift but sacred space provided safety for this family seeking refuge, and I cannot help but be reminded of another family that was denied "room at the inn" and had to flee to Egypt as the authorities hunted them down 2,000 years ago.

A small but safe space kept this small but resilient family together as Angela and her lawyers pushed back, ultimately gaining a stay of removal, which set her free.

Today the New Sanctuary Movement continues to adhere to the philosophy of "radical welcome" for immigrants of every status, striving to make dignity, social justice, hospitality and empathy for the beleaguered, universal values to live by.

—*Philadelphia, 2020*

injusto sistema de inmigración; y para oponernos moralmente al entonces presidente Obama y su política migratoria de separación de familias. En aquel día de verano, nosotras, personas de fe, algunas de ellas indocumentadas, nos adherimos no a una ley humana, sino a una ley divina, a una ley superior, la ley de nuestro Creador que nos enseña a ser hospitalarias, a dar la bienvenida a la extraña y a actuar en solidaridad con las oprimidas en nombre de la justicia social. Organizamos un acto de desobediencia civil frente a la Casa Blanca y nos detuvieron. Y valió la pena.

Cuando reflexiono sobre esta experiencia, creo que ésa fue la manera que Dios empleó para prepararme para lo que me aguardaba en otoño.

Hoy cuando veo fotos en Facebook de las hijas de Ángela- Ángela Mariana y Arturo, hoy adolescentes-regreso al 2015 cuando eran mucho más pequeñas. Me vienen a la memoria los casi 60 días en que la familia vivió en la iglesia West Kensington Ministry.

Aquel "santuario" contaba con una sola habitación y un baño con ducha que había sido instalada apresuradamente. Ese espacio improvisado pero sagrado proporcionó seguridad a esta familia que buscaba refugio, y no puedo evitar pensar en otra familia a la que negaron "lugar en la posada" y que hace 2.000 años tuvo que huir a Egipto mientras eran perseguidas por las autoridades.

Un lugar pequeño pero seguro mantuvo unida a esta familia pequeña pero resiliente, mientras Ángela y sus abogadas peleaban y conseguían por fin que se le retirara la orden de deportación, tras lo cual alcanzó su libertad.

Hoy el Nuevo Movimiento Santuario sigue adhiriéndose a una filosofía de "bienvenida radical" a todas las inmigrantes, sea cual sea su estatus migratorio. Y sigue esforzándose para que la dignidad, la justicia social, la hospitalidad y la empatía por las hostigadas sean valores universales conforme a los que vivir.

—Filadelfia, 2020

NEW SANCTUARY MOVEMENT TIMELINE

Cronología del Nuevo Movimiento Santuario

2007

Spurred by an alarming rise in deportations, immigrant community members, priests, nuns, rabbis and a local man who was born in Guatemala and lived in church sanctuary in Arizona in the 1980s, begin holding house meetings and information sessions at House of Grace Catholic Worker in Kensington.

2007

Motivadas por el aumento alarmante del número de deportaciones, un grupo de personas empieza a reunirse en diferentes casas y a celebrar sesiones informativas en el centro House of Grace Catholic Worker en Kensington. El grupo estaba compuesto por miembros de la comunidad inmigrante, pastores, monjas y rabinas, además de un hombre nacido en Guatemala que vivió en santuario en una iglesia de Arizona durante la década de los 80.

2008

New Sanctuary Movement of Philadelphia (NSM) is formally launched with more than 100 supporters at synagogue Mishkan Shalom.

The Philadelphia Police Department (PPD) and U.S. Immigration and Customs Enforcement (ICE) begin a data-sharing collaboration through which undocumented immigrants arraigned for any

2008

Nuevo Movimiento Santuario (NSM por sus siglas en inglés) nace formalmente con más de 100 simpatizantes reunidas en la sinagoga Mishkan Shalom.

El Departamento de Policía de Filadelfia (PPD por sus siglas en inglés) y la oficina de ICE inician una

offense, regardless of their guilt or innocence, face deportation. NSM and other activists develop "Know Your Rights," a campaign to educate the community about the policy. NSM raises its profile by working closely with community leaders in Norristown after a major immigration-enforcement raid at a King of Prussia employer.

2009

Using the model of personal testimonies and storytelling to build support, NSM begins working with a broad coalition of immigrant-activist groups on a campaign to demand an end to all collaboration between ICE and PPD.

2010

NSM and the broad coalition force an "Accountability Session" with elected and appointed officials in Philadelphia. The result, NSM's first victory, is an amendment to the PPD-ICE contract that specifically shields crime victims and witnesses from ICE interrogation.

colaboración donde comparten información. A partir de ésta, las inmigrantes indocumentadas que son detenidas se enfrentan a la posibilidad de ser deportadas, sin importar si son culpables o inocentes de aquello que se les acusa. NSM y otras activistas desarrollan una campaña llamada "Conozca sus Derechos", para informar a la comunidad sobre esta nueva política. NSM va ganando reconocimiento por el trabajo que desempeña junto a líderes comunitarias en Norristown, tras una redada masiva de ICE contra trabajadores de King of Prussia.

2009

Valiéndose de testimonios y relatos personales para reunir apoyo, NSM empieza a trabajar con una amplia coalición de grupos activistas inmigrantes en una campaña para exigir el cese de la colaboración entre ICE y la policía de Filadelfia (PPD).

2010

NSM, en colaboración con una amplia coalición, exige una "Sesión de Responsabilidades" con funcionarias de Filadelfia, tanto electas como designadas. Como resultado, se enmienda el acuerdo entre el Departamento de Policía y ICE, de modo que se proteja de manera específica a las víctimas y a personas que hayan sido testigos de delitos, para que éstas no puedan ser interrogadas por ICE. Es la primera victoria de NSM.

2012

President Obama announces Deferred Action for Childhood Arrivals (DACA), a policy to allow some individuals with unlawful presence in the United States after being brought here as children to become eligible to receive a renewable two-year period of deferred action from deportation and a work permit.

2013

A seminal year: NSM kicks off "40 Days of Fasting, Action and Prayer for Immigration Justice," helps lead a statewide coalition to promote comprehensive immigration reform legislation, and expands its program to accompany immigrants to their court hearings and probation meetings.

2014

Philadelphia becomes known as a "sanctuary city" after Mayor Michael Nutter signs an executive order that prevents local police from holding someone in custody longer than they otherwise would, solely because of their non-citizen status, and limits the amount of information shared with federal immigration authorities about individuals released from custody unless they are violent felons or the government presents a judicially valid warrant for their arrest.

Also this year, NSM launches its campaign seeking driver's licenses for Pennsylvania's undocumented immigrants.

2012

El presidente Obama anuncia la Acción Diferida para los Llegados en la Infancia (DACA por sus siglas en inglés), una política que permite que algunos individuos que llegaron a los Estados Unidos siendo niñas y que carecen de estatus legal puedan recibir un permiso de estancia y de trabajo renovable cada dos años.

2013

Este año fue un año decisivo. Por un lado, NSM lanza la acción "40 Días de Ayuno, Acción y Oración por la Justicia Migratoria". Por otro, ayuda a desarrollar una coalición estatal para promover una reforma migratoria integral. Además, amplía su programa para que incluya el acompañamiento a inmigrantes a sus juicios y a las audiencias de libertad condicional.

2014

Filadelfia empieza a ser conocida como "ciudad santuario", después de que el alcalde Michael Nutter firme una orden ejecutiva que impide a la policía local mantener a un individuo detenido por más tiempo del necesario por el único hecho de no tener la ciudadanía norteamericana. También limita la cantidad de información que la policía puede compartir con las autoridades federales de inmigración sobre individuos que sean liberados, a menos que estén implicados en delitos con agravante de violencia o que el gobierno presente una orden de arresto firmada por un juez.

Angela Navarro and her family take sanctuary at West Kensington Ministry in an act of civil disobedience that is supported and coordinated by NSM.

2015

Navarro is granted a stay of deportation and exits West Kensington Ministry for the first time after 58 days inside.

The presidential campaign of Donald Trump is accompanied by a dramatic increase in anti-immigrant discrimination and rhetoric. Undeterred, NSM adds nine faith congregations to its ranks, bringing the total to 19.

2016

Pennsylvania U.S. Senator Pat Toomey introduces a bill to withhold federal funding from sanctuary cities. Citing public safety concerns, Toomey named his bill the "Stop Dangerous Sanctuary Cities Act." NSM launches "Sanctuary in the Streets," a program that trains its members to respond to immigration raids in real time. On hearing about a confirmed raid and spreading the news through a phone tree, NSM members from across the city are directed to the site to pray, sing and film the actions of ICE.

Este año, NSM también lanza una campaña con el objetivo de que los inmigrantes indocumentadas residentes en Pensilvania puedan obtener licencias de conducir.

Ángela Navarro y su familia toman santuario en la iglesia West Kensington Ministry, en un acto de desobediencia civil que es apoyado y coordinado por NSM.

2015

Se suspende la orden de deportación de Ángela Navarro, pudiendo salir de la iglesia West Kensington Ministry por primera vez tras 58 días viviendo adentro.

La campaña presidencial de Donald Trump trae consigo un aumento dramático en el discurso contra los inmigrantes y la discriminación hacia los mismos. Inasequible al desaliento, NSM incorpora a sus filas a otras nueve congregaciones de fe, sumando un total de 19.

2016

El senador federal de Pensilvania Pat Toomey introduce un proyecto de ley para impedir que las ciudades santuario reciban fondos federales. Bajo el pretexto de mantener la seguridad pública, Toomey la titula "Ley para Detener a las Peligrosas Ciudades Santuario" ["Stop Dangerous Sanctuary Cities Act"]. NSM lanza la campaña "Santuario en las Calles" ["Sanctuary in the Streets"], un programa que da formación a sus miembros para que puedan responder a las redadas migratorias en tiempo real. Al conocer y confirmar que está ocurriendo una

Also this year, the Pennsylvania House of Representatives passes HB 1885, an anti-sanctuary bill with 136 votes for and 55 against. NSM opposes it, calling attention to the inherent racial profiling in its requirement that police report the immigration status of any person anytime there is a "reasonable cause to believe" he or she could be undocumented. The bill stalls in the Senate.

2017

In his first week in office, President Trump signs an executive order cutting federal funding to sanctuary cities. Four months later, Federal Judge William Orrick, sitting in California, blocks Trump's order, ruling, "Federal funding that bears no meaningful relationship to immigration enforcement cannot be threatened merely because a jurisdiction chooses an immigration-enforcement strategy of which the president disapproves."

Also that year: U.S. Attorney General Jeff Sessions delivers a speech in Philadelphia saying sanctuary cities must cooperate with federal authorities. He attempts to block $1.67 million in federal funding to Philadelphia. The city files suit, contending that the requirement is "unconstitutional, arbitrary and capricious" and the federal court agrees. In the interim, Sessions announces the end of DACA. ICE announces that it has detained 498 people over four

redada, y tras difundir la noticia por una red de teléfonos, miembros de NSM de toda la ciudad se reúnen en el lugar de la redada para orar, cantar y grabar el operativo de ICE.

También en este año, la Casa de Representantes de Pensilvania aprueba el proyecto de ley HB 1885, una ley anti-santuario con 136 votos a favor y 55 en contra. NSM se opone y denuncia el carácter inherentemente racista de la misma, ya que ésta requiere que la policía informe del estatus migratorio de cualquier persona en el momento en que exista una "causa razonable" para creer que ésta pueda ser indocumentada. La ley queda paralizada en el Senado.

2017

En su primera semana en la Casa Blanca, el presidente Trump firma una orden ejecutiva para recortar los fondos federales destinados a las ciudades santuario. Cuatro meses después, el juez federal William Orrick bloquea la orden de Trump desde California, fallando que "unos fondos federales que no mantienen relación significativa con el trabajo de los funcionarios de inmigración no pueden verse amenazados sólamente por el hecho de que una jurisdicción escoja una estrategia de control migratorio que desagrada al presidente."

También en ese año, el fiscal general de EEUU Jeff Sessions pronuncia un discurso en Filadelfia en el que defiende que las ciudades santuario deben cooperar con las autoridades federales. Llega a intentar impedir que Filadelfia reciba 1.67 millones de dólares, provenientes de fondos federales. La ciudad

days in 10 sanctuary cities in "Operation Safe City." Over 100 are arrested in Philadelphia, more than in any other city.

2018

NSM helps shepherd two families and their children into sanctuary at the First United Methodist Church of Germantown (FUMCOG), and launches "Community Fund for Bond and Legal Support," which over 18 months raises $120,000 in support of 34 immigrant families. A third family supported by NSM leaves Church of the Advocate and continues in sanctuary at Germantown Mennonite Church.

2019

NSM launches "Promotoras," a year-long program of monthly workshops and trainings for 10 members from five communities, who are paid to work eight hours a week to organize in their communities.

presenta una demanda, argumentando que esa decisión es "inconstitucional, arbitraria y caprichosa" y el Tribunal Federal le da la razón. Mientras tanto, Sessions anuncia el fin de DACA. ICE a su vez anuncia que ha arrestado a 498 personas en 4 días, en un total de 10 ciudades santuario, en lo que se denomina "Operación Ciudad Segura". Más de 100 de dichos arrestos son efectuados en Filadelfia, más que en ninguna otra ciudad.

2018

NSM acompaña a dos familias con sus hijas a tomar santuario en la iglesia First United Methodist Church of Germantown (FUMCOG por sus siglas en inglés) y crea el "Fondo Comunitario para Fianzas y Apoyo Legal," que recauda $120,000 en 18 meses para apoyar a 34 familias inmigrantes. Una tercera familia respaldada por NSM deja la iglesia Church of the Advocate para seguir tomando santuario en la Iglesia Menonita de Germantown.

2019

NSM lanza "Promotoras," un programa de un año de duración que incluye talleres y sesiones de formación para diez miembros provenientes de cinco comunidades distintas. A las participantes se les recompensa por el trabajo de ocho horas semanales realizando labores de organización comunitaria en sus respectivos grupos.

ADDITIONAL RESOURCES

Otros Recursos de Interès

Vox
How Sanctuary Cities Work
https://www.youtube.com/watch?v=XaR5kR8h4es

VICE
Street Sanctuaries
https://news.vice.com/en_us/article/gyd7ey/church-street-sanctuaries-try-to-shield-immigrants-from-ice-raids-under-trump

Washington Post
https://www.youtube.com/watch?v=uzzI3TbV8MU

Vox
Cómo funcionan las Ciudades Santuario
https://www.youtube.com/watch?v=XaR5kR8h4es

VICE
Santuarios en la calle
https://news.vice.com/en_us/article/gyd7ey/church-street-sanctuaries-try-to-shield-immigrants-from-ice-raids-under-trump

Washington Post
https://www.youtube.com/watch?v=uzzI3TbV8MU

GLOSSARY

Glosario

1LOVE Movement

Born out of a deportation crisis in the Cambodian-American community in Philadelphia in 2010, 1Love has grown into a national network of grassroots Asian American groups that unite communities to organize for power so that families can protect their human rights and live together with dignity.

Accompaniment programs

Participants in accompaniment programs provide tangible and emotional support for immigrants by attending their court appearances and probation appointments.

Administrative Relief

Administrative relief is the legal authority to halt deportations through prosecutorial discretion.

DACA

Deferred Action for Childhood Arrivals allows some undocumented immigrants who were brought to the United States as children to receive renewable two-year deferrals of deportation and work permits. To be eligible, recipients cannot have been convicted of a felony or serious misdemeanor. Established by President Obama in 2012, the program was halted

1LOVE Movement

Nacido en 2010 durante la crisis de deportaciones masivas en la comunidad camboyano-americana en Filadelfia, 1Love ha llegado a convertirse en una red nacional de grupos asiático-americanos de base que conecta a las comunidades para organizarse y ganar fuerza juntas, de modo que las familias puedan proteger sus derechos humanos y vivir unidas con dignidad.

Alivio administrativo

El alivio administrativo es un mecanismo legal por el cual se puede suspender una deportación por discreción de la fiscalía.

DACA

La Acción Diferida para los Llegados en la Infancia permite que algunas inmigrantes que llegaron a los Estados Unidos siendo niñas puedan recibir protección ante una posible deportación y obtener permiso para trabajar durante dos años, permiso que además se puede renovar. Para poder recibir esta protección, las solicitantes no pueden haber sido condenadas por delitos graves o faltas serias. El programa se estableció por el presidente Obama en el 2012 y se anuló por la administración de Trump

by the Trump administration in 2017, provisionally reinstated in 2020, and remains in litigation.

DAPA

Deferred Action for Parents of Americans and Lawful Permanent Residents, also known as Deferred Action for Parental Accountability, is an Obama-era policy that would have deferred deportations for eligible adult immigrants who have lived in the United States since 2010 and have children who are American citizens or lawful permanent residents. Litigation prevented the policy from taking effect. It was rescinded by the Trump administration in 2017.

Deportation

The expulsion of a person or group of people from a place or country.

DHS (United States Department of Homeland Security)

A department of the federal government with responsibilities in public security. Its missions involve anti-terrorism, border security, immigration and customs enforcement, cyber security, and disaster prevention and management.

Green Card

Known officially as a Permanent Resident Card, a green card is a document issued to immigrants under the federal Immigration and Nationality Act that serves as evidence that the bearer has been granted the privilege of residing permanently in the United States.

ICE (Immigration and Customs Enforcement)

A law enforcement agency of the federal government tasked with enforcing U.S. immigration laws and

en 2017, esta ha sido restablecida provisionalmente en 2020, y sigue en litigio.

DAPA

La Acción Diferida para Padres de Ciudadanos Estadounidenses y Residentes Permanentes Legales, también conocido como Acción Diferida para la Responsabilidad de los Padres, es una política de la era Obama que, de haber sido implementada, hubiera suspendido las deportaciones contra inmigrantes adultos que vivieran en Estados Unidos desde 2010 y que a su vez tuvieran hijas con ciudadanía norteamericana o que fueran residentes permanentes legales en EEUU. Hubo una batalla legal que hizo que la política nunca entrara en vigor. Fue anulada por la administración Trump en 2007.

Deportación

La expulsión de una persona o grupo de personas de un lugar o un país.

DHS [United States Department of Homeland Security]

El Departamento de Seguridad Nacional es un departamento federal que tiene responsabilidad de salvaguardar la seguridad de la nación. Sus funciones incluyen la defensa antiterrorista, la protección de fronteras, el control de la inmigración y las aduanas, la ciberseguridad y la prevención y control de catástrofes.

ICE [Immigration and Customs Enforcement]

El Servicio de Inmigración y Control de Aduanas es una agencia del gobierno federal que implementa las leyes migratorias de EEUU. Además, se encarga de investigar la actividad criminal o terrorista de organizaciones transnacionales o de migrantes

investigating criminal and terrorist activity of transnational organizations and undocumented immigrants in the United States. ICE has two primary components: Homeland Security Investigations (HSI) and Enforcement and Removal Operations (ERO).

ICE Holds

ICE holds can be lodged against immigrants who lack legal status after they are arrested for any crime by local police. A hold means that if someone attempts to pay a bond to release the individual from jail, local authorities will not release them, pending transport to an ICE detention center. If the law enforcement agency intends to release the individual, the detainer is supposed to notify ICE in advance and hold the person an additional 48 hours to allow ICE to take custody of the individual. Sanctuary jurisdictions do not comply with ICE holds.

Juntos

A community-led, Latinx immigrant organization in South Philadelphia dedicated to defending the human rights of workers, parents, youth and immigrants.

Lawful Permanent Residents (LPRs)

People who have been granted the right to live in the U.S. indefinitely but are not citizens of the United States. LPRs, also known as a "green card" holders, have the right to work provided they do not commit any unlawful acts that would subject them to removal.

MILPA (Movement of Immigrant Leaders in Pennsylvania)

A network of immigrant families that cultivates leadership and the organizing of immigrant communities across Pennsylvania.

indocumentadas en EEUU. Está estructurada principalmente en torno a dos oficinas: la Oficina de Investigaciones de Seguridad Nacional (HSI por sus siglas en inglés) y la Oficina de Detención y Deportación (ERO por sus siglas en inglés).

Juntos

Una organización liderada por la comunidad latinx inmigrante y ubicada en el sur de Filadelfia. Se dedica a defender los derechos humanos de las trabajadoras, madres y padres, jóvenes y migrantes.

MILPA [Movimiento de Líderes Inmigrantes de Pensilvania]

Una red de familias inmigrantes que fomenta el liderazgo y la organización migrante a lo largo del estado de Pensilvania.

NSM

New Sanctuary Movement [Nuevo Movimiento Santuario]- Un movimiento interreligioso y multicultural liderado por inmigrantes, que lucha por acabar con la injusticia hacia las mismas, sin importar su estatus migratorio.

PARS

Preliminary Arraignment Reporting System [Sistema de Informes de Lectura de Cargos Preliminares]- es una base de datos que emplea el Departamento de Policía para registrar detenciones. ICE se ha valido de ella para iniciar investigaciones contra personas migrantes. Después de que ciertos grupos por la defensa de los inmigrantes en Filadelfia denunciaran que ICE estaba haciendo un mal uso de dicha información, la ciudad le negó acceso a determinadas partes de estos archivos.

NSM (New Sanctuary Movement)

An interfaith, multicultural immigrant justice movement organizing communities to end injustices against immigrants regardless of their legal status.

PARS (Preliminary Arraignment Reporting System)

A database used by the Philadelphia Police Department to register arrests. It has been used by ICE to conduct investigations of immigrants. After advocacy groups in Philadelphia alleged that ICE was misusing the data, the city restricted access to some parts of it.

Philadelphia Family Unity Network (PFUN)

A citywide coalition comprising grassroots community organizations, service providers, advocates, faith communities and lawyers.

Physical Sanctuary

Physical sanctuary is a civil disobedience tactic to house and shelter people who are at risk of immediate deportation. The goal of this action is to protect an individual or family as part of a focused legal defense strategy.

PICC (Pennsylvania Immigration and Citizenship Coalition)

A diverse group of more than 50 member organizations across the state. PICC leads and supports campaigns to advance immigrant rights at the local, state, and federal levels; builds immigrant electoral power through voter registration and education; supports grassroots community-led organizations through training and capacity building; and helps increase access to immigration services through its PA is Ready! Project.

PFUN

Philadelphia Family Unity Network [Red de Familias Unidas de Filadelfia]- es una coalición local que agrupa distintas organizaciones comunitarias de base, proveedoras de servicios, defensores, comunidades religiosas y abogados.

PICC

Pennsylvania Immigration and Citizenship Coalition [Coalición de Inmigración y Ciudadanía de Pensilvania]- es un grupo diverso del que forman parte más de 50 organizaciones de todo el estado. PICC lidera y colabora con campañas que expanden los derechos de los inmigrantes a nivel local, estatal y federal. También aumenta la fuerza electoral de las inmigrantes, mediante campañas de información y de inscripción de nuevas votantes. PICC además apoya a organizaciones de base lideradas por inmigrantes, ofreciendo formación y capacitación. Por último, PICC cuenta con el proyecto ¡PA Está Listo! [PA is Ready!] donde promueve el acceso a una amplia gama de servicios para inmigrantes.

Programas de acompañamiento

Las participantes en programas de acompañamiento proporcionan apoyo emocional y material para inmigrantes, al asistir con ellas a las citas en los tribunales y las audiencias de libertad condicional.

Residentes Legales Permanentes

Personas que tienen permiso para vivir en los EEUU indefinidamente, pero que no son ciudadanas estadounidenses. También conocidas como personas con la "tarjeta verde", tienen derecho a trabajar siempre y cuando no cometan ningún acto ilegal, lo cual podría acarrear su deportación.

V/WSSP (Victim/Witness Services of South Philadelphia)

Offers direct assistance and support to crime victims, witnesses and their families in the three police districts of South Philadelphia (1st, 3rd, and 17th).

Retenciones de ICE

Las retenciones de ICE se efectúan contra inmigrantes que carecen de estatus legal y que son detenidas por parte de la policía local por algún delito o falta grave. Cuando existe una retención de este tipo, no es posible pagar una fianza para liberar a un individuo detenido, porque las autoridades locales le trasladan al centro de detención de ICE correspondiente. Si la policía tiene la intención de liberar a una persona indocumentada, tiene el deber de notificar a ICE de antemano y de mantener a dicha persona en detención por 48 horas más, tras lo cual ICE asume la custodia de la misma. Las jurisdicciones con políticas de santuario no siguen estas prácticas.

Santuario físico

Una táctica de desobediencia civil donde se ofrece refugio a personas que se encuentran en peligro de deportación inminente. El objetivo de esta acción es proteger a un individuo o a una familia como parte de una estrategia de defensa legal específica.

Tarjeta Verde [Green Card]

Conocida oficialmente como Tarjeta de Residencia Permanente, la tarjeta verde es un documento que reciben algunos inmigrantes bajo la Ley de Inmigración y Nacionalidad, que ofrece evidencia de que se les ha otorgado el privilegio de residir en los Estados Unidos de manera permanente.

V/WSSP Victim/Witness Services of South Philadelphia [Servicios para Víctimas y Testigos del Sur de Filadelfia]

Oofrece apoyo y asistencia directa para víctimas de delincuencia, testigos y familiares de ambas, en los tres distritos policiales del sur de Filadelfia (1, 3, y 17).

NEW SANCTUARY MOVEMENT CONGREGATIONS

Congregaciones que forman parte del Nuevo Movimiento Santuario

Arch Street United Methodist Church
55 North Broad Street
Philadelphia, PA
Phone: 215.568.6250
Fax: 215.568.2256
email: secretary@archstreetumc.org

Calvary United Methodist Church
1700 N. Towanda Ave
Normal, IL
61761309-452-5413
INFO@CONNECTWITHCALVARY.ORG

Central Baptist Church of Wayne
Pastor Laurie Sweigard:lsweigard@cbcwayne.org
Pastor Tom Beers: tbeers@cbcwayne.org
106 West Lancaster Avenue, Wayne PA 19087
Mailing address: PO Box 309, Wayne PA 19087
webadmin@cbcwayne.org
610-688-0664

Centro Cristiano de la Roca
(215) 229-3936
3650 N 10th St Philadelphia, Pennsylvania
onixmatos@gmail.com

Church of the Advocate
215-978-8000
office@churchoftheadvocate.org
801 West Diamond Street
Main entrance: 2121 Gratz Street
Philadelphia, PA 19121-1509

Eglise Evangelique Haitienne
http://www.haitichristianity.org/churches-in-diaspora/usa/pennsylvania

Faith Emmanuel Church
2401 N 29th St
Philadelphia, PA 19132

First Unitarian Church of Philadelphia
2125 Chestnut Street, Philadelphia, PA 19103
Office: (215) 563-3980
info@philauu.org

Germantown Mennoite Church
Office@germantownmennonite.org
(215) 843-5599
21 W Washington Ln.
Philadelphia. PA 19143

Holy Innocents Parish
1337 E. Hunting Park Avenue, Philadelphia, PA 19124
holyinnocents@comcast.net
215-743-2600

Indonesian Bethel Church House of Prayer for All Nations
1619 S Broad St, Philadelphia, PA 19148
Phone: (215) 271-6077

Indonesian Christian Church
1738 S 19th St
Philadelphia, Pennsylvania
(215) 468-2779

Kol Tzedek Synagogue
(267) 702-6187
info@kol-tzedek.org
707 S. 50th St., Philadelphia, PA 19143

Mishkan Shalom Synagogue
4101 Freeland Ave. Philadelphia, PA 19128—
ph: (215) 508-0226
office@mishkan.org

Nations Worship Center
1000 Forty Foot Rd, Lansdale, PA 19446
Phone: 267-932-6050
office@franconiaconference.org

Our Mother of Consolation Peace and Justice Committee
9 E Chestnut Hill Ave Philadelphia PA, 19118
Phone 215-247-0430

Oxford Circle Mennonite Church
900 E Howell St, Bldg B, Philadelphia, PA 19149
215-288-5330
ocmcphilly@gmail.com

Tabernacle United Church
3700 Chestnut St, Philadelphia, PA 19104
tabernacleunited@gmail.com
215-386-4100

Temple Beth Zion Beth Israel
300 South 18th Street
Philadelphia, PA 19103
215.735.5148
templeoffice@bzbi.org

Tikkun Olam Chavurah
Rabbi Michael Ramberg (mvramberg@yahoo.com)
Rabbi Linda Holtzman (rabbilinda18@gmail.com)

Sisters of St. Joseph, Chestnut Hill
9701 Germantown Avenue
Philadelphia, PA 19118-2694
215-248-7200

Sisters of St. Joseph Welcome Center
728 East Allegheny Avenue
Philadelphia, PA 19134
(215) 634-1696
welcomecenter728@gmail.com

St. Joan of Arc Parish
1337 E. Hunting Park Avenue, Philadelphia, PA 19124
Phone: 215-535-4641

St. Peter the Apostle Parish
stpetersoffice@comcast.net,   cre8tiv@earthlink.net,
rcollins@sjn.org
215-627-3080

St. Thomas Aquinas
1719 Morris Street
Philadelphia, PA 19145
(215) 334-2312

St. Vincent de Paul R.C. Church
109 East Price Street, Philadelphia, PA 19144
(215) 438-2925

West Kensington Ministry
2140 North Hancock Street
Philadelphia PA, 19122
Phone: 267.879.6310
Email: adan@westkensingtonministry.com

Visitation BVM Church
2646 Kensington Avenue
Philadelphia, PA 19125
Phone: (215) 634-1133
Email: visitation.philly@gmail.com

ACKNOWLEDGEMENTS

W̶e work collaboratively, which means there are countless people for us to thank. In particular we would like to acknowledge Mark Lyons for his astute advice in addressing important details; Leticia Nixon for her contribution in translation; Jude Shorr-Parks for his contributions to the Glossary and the Timeline, and Blanca Pacheco and Peter Pedemonti for the captions and their help in selecting the photographs. Lastly, our enduring gratitude to all those courageous, inside and outside the New Sanctuary Movement, who allowed us to use their faces and words.